CW01460116

REBEKKA SCHWARZ
QUINTESSENZEN
LIEBE & PARTNERSCHAFT

»Es gibt diese bedingungslose Liebe wirklich. Sie ist ein Teil deines inneren Seins. Sie ist weniger ein tätiges Gefühl denn ein Daseinszustand. Sie sagt nicht: ›Ich liebe dich‹ wegen dieser oder jener Ursache oder gar ›Ich liebe dich, wenn du mich liebst.‹ Es ist eine Liebe ganz ohne Anlass, Liebe ohne einen Gegenstand.«

Ram Dass

REBEKKA SCHWARZ

QUINTESSENZEN
LIEBE & PARTNERSCHAFT

IMPULSE FÜR EINE GELINGENDE BEZIEHUNG

tredition®

© 2019 Rebekka Schwarz
1. Auflage 2019

Verlag und Druck:
tredition GmbH, Halenreie 40-44, 22359 Hamburg
www.tredition.de

Lektorat: textweise, Dr. Felicitas Igel, www.texweise.net

Bilder: Metropolitan Museum of Art/CCO

Bibliografische Information der Deutschen Nationalbibliothek:
Die Deutsche Nationalbibliothek verzeichnet diese Publikation in der Deutschen Nationalbibliografie; detaillierte bibliografische Daten sind im Internet über http://dnb.d-nb.de abrufbar.

ISBN Paperback 978-3-7469-8328-8
ISBN Hardcover 978-3-7469-8329-5
ISBN E-Book 978-3-7469-8330-1

Für Sebastian
und Peter

INHALT

1. EINLEITUNG

2. SELBSTBEWUSSTSEIN UND SELBSTWERT

3. OPFERROLLE

4. ROLLENBILDER

5. DAS INNERE KIND

6. DIE ANGST

7. GRENZEN

8. DIE LIEBE

9. BEZIEHUNGSMODELLE

10. KOMMUNIKATION

11. GLÜCKLICH SEIN

12. SEX

13. SCHLUSSWORT

1. EINLEITUNG

»Die Lebensspanne ist dieselbe,
egal ob man sie lachend oder weinend verbringt.«

Japanisches Sprichwort

Egon Schiele, 1903

INDIVIDUELLE ZWEISAMKEIT

In diesem kleinen Büchlein möchte ich meine Erfahrungen und meine daraus gewonnenen Erkenntnisse zum Thema Liebe und Partnerschaft skizzieren. Vielleicht fühlt sich jemand in seinem Weg bestärkt oder erhält neue Impulse auf der Suche nach seinem ganz persönlichen Beziehungsoptimum.

Betonen möchte ich gleich zu Beginn, dass es aus meiner Sicht nicht die *eine* Lösung oder den *einen* Weg gibt. Was eine glückliche, lebenswerte Beziehung ist – dafür gibt es keine allgemeingültige Definition. Jedes Paar lebt seine Beziehung auf individuelle Weise, und was der einen Partnerschaft guttut, mag für die nächste eine Katastrophe sein.

Beziehungen sind so unterschiedlich wie die Menschen, die sie gestalten. Die große Kunst liegt darin, dass zwei Akteure aus der jeweils eigenen Individualität heraus einen Weg zu finden, der beiden gerecht wird. Dies kann nur miteinander und im ständigen Prozess geschehen. Dieser Weg ist immer im Wandel, wird von den Beteiligten immer wieder neu definiert und erfordert so die andauernde aktive Arbeit beider Seiten.

Wenn nur ein Partner zur Beziehung beiträgt, kann sie auf Dauer nicht erfüllend für beide sein. In so einem Fall lohnt es sich, herauszufinden, warum der inaktive Partner nicht aktiv wird oder werden kann. Beziehung erfordert ein »In-Beziehung-gehen«, damit sie als solche gelten kann.

ICH BIN DOCH NICHT VERRÜCKT!

Wenn ich im Text immer mal wieder auf die Möglichkeit von Coaching oder Therapiestunden hinweise, dann denken Sie bitte nicht, dass ich Sie für »verrückt« halte. Ganz im Gegenteil. Wenn Sie sich mit einer Situation alleine oder zu zweit überfordert fühlen, dann zögern Sie nicht, sich professionelle Hilfe zu holen. Scham oder die Kosten sollten Sie nicht davon abhalten, zu einem Leben zu finden, das Ihnen Freude bereitet. Vor allem: Warten Sie damit nicht, bis »das Kind in den Brunnen gefallen ist«. Viele Paare gehen erst dann zu einer Paarberatung, wenn der Therapeut im Grunde nur noch eine gute Trennung betreuen kann.

Dabei können auch bei kleineren Krisen bereits wenige Stunden der Begegnung und des Austauschs in einem geschützten Rahmen und mit professioneller Unterstützung wahre Wunder wirken – und so ohne großen Aufwand größere Dramen vermeiden. Im Übrigen gibt es in vielen Städten auch kostenlose Angebote.

ES GIBT KEINE UNIVERSELLE LÖSUNG

Suchen Sie im vorliegenden Text nicht die *eine* Lösung oder eine Art Anleitung zur perfekten Partnerschaft – schon gar nicht eine, die Sie mit unterschiedlichen Partnern umsetzen können. Und rechnen Sie damit, dass Ihre Beziehung, auch wenn sie bereits in Liebe geführt wird, Ihnen immer wieder Herausforderungen beschert. Denn eine ewig glückliche Beziehung kann es nicht geben, alles im Leben ist geprägt vom ständigen Wandel und vom Wechsel zwischen Auf und Ab.

Wie also findet man mit seinem aktuellen oder auch zukünftigen Partner diesen individuellen, von Liebe geprägten Weg?

Ich möchte hier Werkzeuge an die Hand geben, Ideen vermitteln und Sprungbretter anbieten, weg von genormten Sichtweisen und hin zu einem befreiten Denkansatz. Einiges davon werden Sie vielleicht schon kennen oder sogar umsetzen, manches wird Ihnen möglicherweise aber auch abwegig erscheinen. Lassen Sie selbst diese Gedanken und Ideen für eine Weile zu, spielen Sie sie einmal im Kopf durch – es kann ja nicht schaden. Im Idealfall spinnen Sie bestimmte Ansätze für sich fort und kommen so zu Ihren eigenen, gewissermaßen personalisierten Werkzeugen und Erkenntnissen.

Seien Sie kreativ und spüren Sie in sich hinein. Entdecken Sie *Ihre ganz persönliche* Beziehungswahrheit, und wenn Sie sie gefunden haben, teilen Sie sie mit Ihrem Partner. Prüfen Sie, inwieweit Ihr Partner mit Ihrer Idealvorstellung konform geht, und arbeiten Sie gemeinsam eine verbindende Lösung aus. Das ist nichts, was in wenigen Stunden geht, nichts, was in ein paar Tagen erledigt ist, sondern etwas, das eher Wochen und Monate erfordern dürfte. Und es ist nichts Unveränderliches oder gar in Stein Gemeißeltes.

Aber wie heißt es so schön: Der Weg ist das Ziel. Ich möchte Sie ermutigen, diese herausfordernde und spannende Reise zum eigenen Glück zu unternehmen, um Ihr Leben dann sehr bewusst mit einem (oder auch mehreren) Menschen, dem (oder denen) Sie Ihre Liebe schenken möchten, zu teilen.

ZUSAMMENFASSUNG:

- Es gibt nicht die *eine* Lösung – finden Sie Ihre individuelle Lösung als Paar!
- Arbeiten Sie beide aktiv an der Beziehung.
- Holen Sie sich bei Krisen, die Sie nicht alleine bewältigen können, rechtzeitig Hilfe von außen.
- Auch gesunde Beziehungen, die in Liebe geführt werden, haben Konflikte.
- Seien Sie offen und neugierig: Lassen Sie neue Ideen und Gedanken zu und prüfen Sie, ob diese für Sie und Ihre Partnerschaft von Nutzen sein könnten.
- Finden Sie Ihre eigenen Methoden und Werkzeuge, die für Sie und Ihre Partnerschaft passen.

HILFREICHES:

Nehmen Sie sich mit Ihrem Partner bewusst und regelmäßig Zeit zur Begegnung außerhalb der »Erledigungsgespräche«. Im Alltag ist es nach Jahren der Beziehung oft nicht einfach, sich Raum für die Begegnung zu zweit und für intensiven Kontakt zu schaffen. Tun Sie dies ganz aktiv.

2. SELBSTBEWUSSTSEIN UND SELBSTWERT

»Das Wichtigste im Leben kannst du dir nur selbst geben: deinen Selbstwert.«

Gudrun Kropp

Gustav Klimt, 1912–1913

DAS SELBSTBEWUSSTSEIN

Um unseren Selbstwert ist es oft nicht gut bestellt. Dieser Umstand ist eine Quelle großer Unannehmlichkeiten für uns und die Menschen um uns herum. Eine glückliche Beziehung können wir auf Dauer nur dann führen, wenn sich beide Partner einen gesunden Selbstwert erarbeitet haben oder sich auf dem Weg dorthin befinden. Andernfalls besteht die Gefahr, dass wir uns ständig in Themen verstricken, die nichts mit der Beziehung an sich zu tun haben, sondern sich um den mangelnden Selbstwert drehen. Wir haben dann sozusagen den Blick nicht frei für die eigentlichen Themen der Beziehung.

Nicht zu verwechseln ist der Selbstwert mit dem Selbstbewusstsein. Das Selbstbewusstsein ist ein Teilbereich des Selbstwertes und beschreibt den Blick auf die eigene Persönlichkeit und die Einschätzung der eigenen Fähigkeiten, die aus dem bewussten Denken über sich selbst entsteht (wer oder was bin ich?). Wir setzen uns dabei auch in Bezug zu unserer Umwelt und ordnen uns ein.

Das Selbstbewusstsein hängt zwar mit dem Selbstwert zusammen, es kann aber auch sein, dass jemand mit geringem Selbstwert nach außen hin ein großes Selbstbewusstsein zeigt. Insbesondere in unserer kapitalistischen, auf Leistung ausgerichteten Ellenbogengesellschaft ist ein großes Selbstbewusstsein erfolgsfördernd. Diejenigen, die (scheinbar) wissen, was sie können und wollen, und dies selbstbewusst verkünden, haben die besten Aussichten im großen Teich. Manch einer hat sich daher ein selbstbewusstes Auftreten »antrainiert«. Entspricht das gezeigte Selbstbewusstsein nicht dem tatsächlich vorhandenen, können daraus viele Probleme entstehen.

Wir haben das Selbstbewusstsein zu einer wichtigen Größe erklärt, der Selbstwert aber gerät oft in Vergessenheit. Wer nur ein starkes Selbstbewusstsein erkennen lässt, ohne dass dieses auf einem guten Selbstwert basiert, kann nach außen sehr hart agieren, um sich »um jeden Preis« durchzusetzen. Das aber ist eine Schutzreaktion, um den Mangel an Selbstwert vor sich und anderen nicht »auffliegen« zu lassen.

Oder wir haben es mit dem umgekehrten Fall zu tun, der tatsächlich gehäuft bei Frauen vorkommt: trotz guten Selbstbewusstseins suchen wir die Verantwortung für die aktuelle Situation *allein* bei uns (weil uns der Selbstwert fehlt) und führen so zum Beispiel eine für uns ungute Beziehung fort. Wir erkennen dann nicht, was uns selbst guttäte und können folglich nicht dafür einstehen. Viele wünschen sich ein größeres Selbstbewusstsein, meinen aber damit eigentlich den Selbstwert.

DER SELBSTWERT

Der Selbstwert ist der Wert, den wir uns selbst beimessen. Ist der Selbstwert gestört, kann sich dies in zweierlei Weise bemerkbar machen: Liegt Narzissmus und/oder Hochmut vor, zeigt sich das in einem »aufgeblasenen Ego« und in Selbstüberschätzung. Auch wenn es nach außen hin anders scheint: Die Ursache ist auch hier ein zu geringer Selbstwert. Das Gegenteil wäre das ständige An-sich-Zweifeln – bis hin zur Selbstverachtung. Die meisten von uns liegen irgendwo zwischen diesen Extremen.

Viele neigen dazu, ihren Selbstwert nach materiellen Dingen oder körperlichen Merkmalen zu bemessen und ihn damit aufbauen zu wollen. Zum Beispiel danach, wie teuer das Auto ist, das sie fahren, oder nach Äußerlichkeiten wie Größe oder Gewicht. Oder auch danach, wie andere von ihnen denken, was man heutzutage gut über die sozialen Netzwerke wie Facebook und Twitter verfolgen kann: Viele leben ein Leben der Selbstdarstellung. Konsum und Selbstinszenierung sind der Versuch, die Selbstwert-Lücke von außen zu füllen. Unsere Marktwirtschaft lebt sehr gut von diesem Umstand. Der Konsum steigt, der Rubel rollt!

Echter Selbstwert kann jedoch nur in Ihrem Inneren entstehen, Sie können ihn nicht kaufen und auch nicht von außen zugesprochen bekommen.

Aber denken Sie jetzt nicht, Sie könnten nur dann eine glückliche Beziehung führen, wenn Sie Ihren Selbstwert schon perfekt aufgebaut und verankert haben. Die wenigsten Menschen sind an diesem Punkt. Sie können sich in Ihrer Partnerschaft auch gegenseitig dabei unterstützen, Selbstwert zu entwickeln. Da der Blick von außen oft unschätzbar wertvoll ist, kann die Partnerschaft gerade hier eine wunderbare Hilfe sein. Selbstredend erfordert es von beiden Seiten aber auch Geduld und Nachsicht, wenn sich mal wieder der Mangel an Selbstwert Bahn bricht.

Was können Sie also tun, um Ihren Selbstwert zu verbessern? Gehören Sie zur Gruppe der Menschen, bei denen der geringe Selbstwert sich in Arroganz oder Selbstverachtung äußert, dann empfehle ich Ihnen Therapiestunden zur Unterstützung, denn Sie benötigen jemanden von außen, der Sie spiegeln kann. Ist Ihr Selbstwert lediglich etwas zu schwach ausgeprägt, dann ist es zu Beginn am einfachsten, Ihr Thema mit dem Selbstwert dann wahrzunehmen, wenn er fehlt: Wann fühlen Sie sich wertlos oder übergangen? Überlegen Sie, was sich verändern müsste, damit Sie sich als wertvoller Mensch fühlen. Sehen Sie sich auch all die Details an, mit denen Sie sich immer wieder selbst klein machen. Fangen Sie zum Beispiel an, Ihren Körper zu lieben, wie er ist, und vermeiden Sie Aussagen wie »das kann ich nicht« oder »das schaffe ich nicht«.

Machen Sie sich klar, dass Sie alles können, was Sie wollen, wenn Sie nur ausreichend dafür brennen. Es ist eine Frage des Einsatzes und des Willens, niemand erlegt Ihnen Grenzen auf, Sie selbst sind der Gestalter Ihres Seins. Denken Sie um: Denken Sie sich groß, nicht klein! Stehen Sie auch anderen gegenüber mutig für sich selbst ein, zeigen Sie Ihren Mitmenschen auf achtsame Weise, wo Ihre Grenzen sind. Denn dann agieren und reagieren Sie selbstbewusst, weil Sie es sich selbst wert sind.

Reflektieren Sie Situationen nicht nur in eine Richtung (wofür habe ich die Verantwortung, wo muss ich etwas verändern?), sondern überlegen Sie auch, was an der Situation Sie verletzt oder getroffen hat und was Sie brauchen, damit es Ihnen besser damit geht. Stehen Sie für sich ein, für Ihre Bedürfnisse, Wünsche und auch für Ihre Grenzen. Sie haben ein Recht auf ein glückliches Leben. Wenn Sie es sich nicht selbst zugestehen und aktiv daran arbeiten, wie soll es dann im Außen auf Sie zukommen?

Bauen Sie Stück für Stück einen schönen Palast des Selbstwerts, in dem Sie sich wohlfühlen, in dem Sie zu Hause sind und sich auskennen – Ihre Partnerschaft wird in hohem Maße davon profitieren!

ZUSAMMENFASSUNG:

- Machen Sie sich den Unterschied zwischen Selbstbewusstsein und Selbstwert bewusst.
- Zeigen Sie nach außen hin das Selbstbewusstsein, das Ihrem Inneren entspricht. Wenn es nicht stark genug ist, dann arbeiten Sie daran.
- Wichtig: Ein gutes Selbstbewusstsein ist nicht gleichzusetzen mit der Angewohnheit, andere ständig übertrumpfen zu wollen.
- Lassen Sie sich nicht dazu verleiten, Ihren Selbstwert durch Konsum oder Anerkennung von außen »billig« zu steigern. Arbeiten Sie stattdessen ehrlich am Aufbau Ihres Selbstwerts.
- Holen Sie sich Hilfe (zum Beispiel Coaching).
- Seien Sie nachsichtig mit Ihrem Partner, wenn mangelnder Selbstwert aktiv wird, aber achten Sie auch auf Ihre inneren Grenzen und stehen Sie für diese ein.
- Helfen Sie Ihrem Partner beim inneren Aufbau seines Selbstwerts und lassen Sie sich von Ihrem Partner ebenfalls dabei unterstützen.

HILFREICHES:

- Im Internet finden sich zahlreiche Meditationen zum Aufbau des Selbstbewusstseins und des Selbstwerts. Wählen Sie sich dort eine passende aus und gönnen Sie sich diese hin und wieder.
- Treiben Sie regelmäßig Sport. Sport hält uns nicht

nur körperlich fit, sondern stärkt uns auch psychisch und trägt zu einer besseren Eigenwahrnehmung bei. Eine gesunde Lebensführung (Ernährung, Bewegung, Sonne und frische Luft) hilft Ihnen, eine positive Einstellung sich selbst gegenüber zu entwickeln.

- Programmieren Sie sich um und verwandeln Sie negative Glaubenssätze in positive. Statt sich klein zu machen, sagen Sie sich selbst, dass Sie es schaffen können und die Kraft dafür haben, dass Sie toll sind, es wert sind etc.

3. OPFERROLLE

*»Wir erschrecken über unsere eigenen Sünden, wenn wir
sie an anderen erblicken.«*

J. W. von Goethe

Ernst Ludwig Kirchner, 1924

GRUNDLEGENDES

Nach einer gescheiterten Beziehung höre ich in Gesprächen bei einer Tasse Tee gerne mal ein »Warum immer ich?« und/oder »Warum kann ich nicht auch mal Glück haben, immer erwische ich einen Mistkerl!«.

Viele machen die Erfahrung, dass sie offenbar immer wieder Pech haben, wenn es um die Wahl ihres Partners geht: Man kommt vom Regen in die Traufe und hat, wie es scheint, schon wieder die »falsche« Wahl getroffen. Manche finden sich auch jedes Mal aufs Neue in unangenehmen Beziehungsabhängigkeiten wieder, sobald sie sich auf einen anderen Menschen einlassen. Oft wird dann das Schicksal dafür verantwortlich gemacht – und das zu Recht. Denn das Schicksal meint es gut mit uns.

Vermutlich sehen Sie das ganz und gar nicht so, aber tatsächlich erhalten wir so immer wieder die Chance, unsere eigenen Themen aufzuarbeiten. Wir wählen unsere Partner nicht zufällig, wir folgen dabei einem inneren Muster. Sie kennen sicher das »Beuteschema«, das dieses Prinzip auf optischer Ebene beschreibt. Wenn Sie immer wieder auf ähnliche Probleme mit Ihren Partnern stoßen, dann ist dies also ein Wink »mit dem Zaunpfahl«, dass *Sie* ein Thema haben, welches angeschaut und bearbeitet werden will (Gesetz der Anziehung). Je länger Sie es ignorieren, verdrängen oder es nicht als Ihre Aufgabe annehmen, umso massiver oder auch kreativer wird es sich Ihnen in Form von Krisen zeigen.

Manchmal begegnet einem dasselbe Thema in unterschiedlichen Lebensbereichen, es kann sogar auf eine andere Ebene wandern, zum Beispiel auf die Körperebene, und sich als Krankheit manifestieren. Wenn Sie das Thema für sich aufgelöst haben, werden sich die Szenarien in Ihrer bestehenden Partnerschaft verändern – oder Sie verlieben sich in einen Menschen, mit dem Sie dann etwas anderes bearbeiten dürfen. Auch eine Trennung kann aus der Aufarbeitung von Beziehungsthemen resultieren. Meinem Exmann und mir ist genau das passiert: Wir hatten fast 14 Jahre eine intensive gemeinsame Zeit, um irgendwann zu merken, dass wir uns nur noch gegenseitig am Leben hindern. Dann ist es Zeit, dieser Tatsache ins Auge zu blicken und rechtzeitig eine Trennung in die Wege zu leiten, solange man dies noch im Guten und mit Respekt voreinander tun kann.

Leider lassen sich viele aus Angst und aus der Gewohnheit heraus auf eine lange Leidenszeit ein, bevor sie letztlich doch feststellen müssen, dass man um eine Trennung nicht herumkommt. Mit der Folge, dass man dann den Partner für sein Lebensunglück verantwortlich macht. Nach Jahren des Verzichts und des Leidens ist aus der einstigen Liebe ein hässliches Gebilde geworden, das uns dazu bringt, mit dem Gegenüber erbittert um Geld, Haus und manchmal sogar um die Kinder zu streiten. Schnell fühlt man sich in der Opferrolle gefangen, und manchmal hat dieses Gefühl sicher auch seine Berechtigung. Nur: Was bringt es Ihnen, in der Opferrolle zu verharren – selbst, wenn es berechtigt erscheint? Was haben Sie davon, abgesehen von unguten Gefühlen?

Wir neigen generell dazu, uns in die Opferrolle zu begeben. Es ist erst einmal einfacher, mit dem Finger auf andere zu zeigen, als über sich selbst nachzudenken. Sie werden aber merken, wie viel selbstbestimmter und bewusster viele Prozesse werden, wenn Sie nach innen blicken und herausfinden, was da gerade in Ihnen passiert. Als Opfer ist man abhängig von anderen, man ist ihnen ausgeliefert und auf ihr Wohlwollen angewiesen, und man kann nichts oder nur sehr wenig – und dann mit sehr viel Aufwand – an der Situation ändern.

Statt in Selbstmitleid, Wut oder auf der Suche nach Aufmerksamkeit stecken zu bleiben, überlegen Sie lieber, was Sie tun können, um diese Situation hinter sich zu lassen. Beschließen Sie ganz bewusst, die Opferrolle abzulegen. Sie kommen zu spät zur Arbeit, weil Stau ist? Sie können sich stressen, in der Opferrolle verharren und völlig unentspannt in den Arbeitstag starten. Oder Sie nehmen es gelassen hin (ändern können Sie jetzt eh nichts daran), genießen die Extraminuten für sich, hören sich zum Beispiel noch ein paar Ihrer Lieblingslieder an und beschließen, das nächste Mal früher loszufahren.

DIE ZÜGEL IN DIE HAND NEHMEN

Heißt das, dass wir mit *allen* Partnern immer etwas aufzuarbeiten haben? Die Antwort lautet eindeutig: Ja. Das klingt jetzt zunächst einmal nicht sehr verlockend, und man möchte fast meinen, dass man in diesem Fall lieber gleich auf eine Beziehung verzichtet. Leider ist das aber auch keine Lösung, denn was wir bearbeiten »dürfen«, zeigt sich uns dann einfach, teils auf vielfältige Weise, in anderen Lebensbereichen. Außerdem ist der Mensch ein soziales Wesen und bis auf wenige Ausnahmen brauchen wir Beziehungen und Partnerschaften für unser Lebensglück.

Tröstlich ist, dass das Aufarbeiten der eigenen Themen einfacher wird, wenn man etwas Übung darin hat. Zudem hält eine Partnerschaft, die in Liebe geführt wird – zum Glück – überwiegend schöne Erfahrungen bereit und ist somit durchaus erstrebenswert.

Wir müssen nicht ununterbrochen an irgendetwas arbeiten und können das Leben auch einfach einmal in vollen Zügen genießen. Dennoch: Nichts hilft uns so gut, unsere eigenen Schattenseiten ans Licht zu bringen und zu bearbeiten, wie eine Partnerschaft. Schauen Sie also genau hin. Denken Sie nicht (länger) in der Opferrolle, sondern blicken Sie nach innen und finden Sie heraus, welchen Anteil Sie an der Thematik haben. Das ist – wenn man es nicht gewohnt ist – erst einmal unglaublich anstrengend.

Bevor wir in eine Beziehung gehen können, die von Liebe geprägt ist, ist es also notwendig, dass wir uns mit uns selbst auseinandersetzen. Scheuen Sie sich nicht, bei sich selbst anzufangen. Vertrauen Sie auf Ihre innere Führung. Nur Sie allein wissen, was Ihr Leben lebenswert macht. Wenn Sie jemanden suchen, dem Sie die Zügel für Ihr Leben in die Hand geben können, in der Erwartung, dass der-/diejenige Ihnen die Arbeit abnimmt, werden Sie in Ihrem Leben nicht glücklich.

Trauen Sie sich zu, Ihren Weg selbst zu finden. Sie werden merken, dass es sich lohnt und sich nicht nur Ihr eigenes Er-Leben zum Positiven verändert, sondern auch das in Ihrer Beziehung.

ZUSAMMENFASSUNG:

- Sie sind nicht ohne Grund in der jetzigen Situation, Sie haben einen eigenen Anteil daran.
- Machen Sie nicht andere für Ihr Lebensglück verantwortlich, nehmen Sie die Zügel selbst in die Hand und gestalten Sie Ihr Leben nach Ihren Wünschen (Selbstverantwortung statt Schuldzuweisung).
- Verdrängen Sie nicht, sondern schauen Sie hin und erkennen Sie die Muster hinter Ihren Themen.

HILFREICHES:

Die Opferrolle macht Sie schwach, handlungsunfähig und abhängig von anderen. *Treffen Sie die Entscheidung*, ab jetzt stark zu sein.

Achtung: Es geht nicht darum, dass Sie sich an allem die Schuld geben, denn dann wären Sie wieder ein (in diesem Fall selbst gemachtes) Opfer. Es ist ein bewusster Akt, die Opferrolle zu verlassen. Sie müssen dafür innerlich aktiv werden, immer wieder, bis es in Fleisch und Blut übergegangen ist. Vielleicht gelingt es Ihnen beim nächsten Mal ja schon, die Opferrolle in einer ähnlichen Situation nicht mehr einzunehmen. Achten Sie ganz bewusst darauf, wann Sie die Opferrolle einnehmen. Ertappen Sie sich selbst und überlegen Sie sich, was Sie *tun* können, damit Sie nicht in diese Situation geraten.

Erwerben Sie sich so Problemlösungskompetenz anstelle eines Opferrollenautomatismus, und Sie werden merken, dass Sie sich viel besser fühlen und Ihr Leben nach Ihren Wünschen gestalten können. Auch hier gilt: Aller Anfang ist schwer, aber ich kann Ihnen versichern, dass es mit jedem Mal besser und einfacher wird!

4. ROLLENBILDER

»Das eigentliche Studium der Menschheit ist der Mensch.«

J. W. von Goethe

Jan van Haelbeeck, ca. 1615

GRUNDLEGENDES

Rollenbilder leben wir alle, und es gibt unendlich viele. Manche leben wir mehr, andere weniger. Sie helfen uns, uns zurechtzufinden, definieren uns im sozialen Miteinander und haben somit durchaus eine Daseinsberechtigung.

Einige haben wir bereits für uns als gültig erkannt und leben sie vielleicht bewusst(er) weiter oder haben entschieden, ihnen nicht mehr zu folgen. Die meisten leben wir allerdings unbewusst. Wir übernehmen Rollenbilder (wie auch manche Vorurteile) von klein auf von unseren Eltern, (anderen) Vorbildern und unserer Umgebung. Häufig werden sie mit allgemeinen Glaubenssätzen wie zum Beispiel »das macht man nicht/das gehört sich nicht« (hier stellt sich die Frage: wer ist »man« und warum und wieso gehört es sich nicht? Wer hat das festgelegt?) und spezieller zugeschnittenen wie »Wer schön sein will, muss leiden!« (für kleine Mädchen) und »Ein Indianer kennt keinen Schmerz!« (für kleine Jungs) untermauert und festzementiert.

Es gibt also Rollenbilder, denen wir folgen und die wir zu erfüllen versuchen, ohne dass wir uns dessen bewusst sind. Finden Sie heraus, welchen Rollenbildern und Dogmen Sie folgen, und überlegen Sie, ob diese Sie an der Verwirklichung Ihrer Wünsche und Lebensziele behindern – und wenn ja, welche. Nicht alle Rollenbilder müssen sich negativ auf uns auswirken, manche haben ihre Berechtigung und geben uns Halt und Führung. Schauen Sie sich die an, die Sie ablegen oder modifizieren möchten, und entwickeln Sie Ihre alternative Vorstellung zur Thematik. Fangen Sie an, diese dann auch zu leben.

Ich gehe im Folgenden nur auf zwei weitverbreitete Rollenbilder intensiver ein. Wirklich fast jeder aus dem europäischen Raum hat diese Rollenbilder in der ein oder anderen Weise hinterlegt, und sie beeinflussen uns in unseren Partnerschaften sehr massiv: zum einen das von der »guten Ehe« zwischen Mann und Frau und zum anderen das Rollenbild der Liebe. Natürlich gibt es noch viele mehr, die uns in unseren Partnerschaften und in der Liebe prägen (zum Beispiel »der starke Mann« und »die schwache Frau«).

Rollenbilder sind je nach Kultur und Epoche, nach historischen Gegebenheiten, Herkunftsland, Gesellschaftsform und politischen Ansichten unterschiedlich, und nicht wenige haben sich im Laufe der Jahrhunderte mehrfach gewandelt. Auch das Rollenbild der Frau hat sich geändert und ist immer noch in Veränderung begriffen. Wer sich heute Werbung aus den 50er/60er-Jahren ansieht, der kann über das damalige Rollenbild schmunzeln, zu jener Zeit war es aber die täglich gelebte Realität, die nur von den wenigsten hinterfragt wurde. Die Frau war dem Mann keineswegs gleichgestellt, hatte sich um Haushalt und Familie zu kümmern, durfte nur mit Erlaubnis des Mannes arbeiten gehen und musste ihm per Gesetz sexuell zur Verfügung stehen – um nur einige Punkte zu nennen. Erst in den 70ern haben sich die Frauen letztlich die Gleichberechtigung erkämpfen können – zumindest auf dem Papier. Das alte Rollenbild aber wirkt teils bis heute nach.

Derartige Umbrüche sind meist von politischen und gesellschaftlichen Debatten geprägt, manchmal sogar von Kriegen. Es vergehen häufig Jahrzehnte, bis ein neues, gesellschaftlich weithin anerkanntes Rollenbild gefunden ist und von einem Großteil der Gesellschaft auch gelebt wird. Diese Prozesse sind heute unschärfer, laufen schneller ab, und die Ergebnisse sind nicht mehr so langlebig wie früher. Unter anderem bedingt durch die Digitalisierung, den Zugriff auf »die ganze Welt« über das Internet, das daraus sich ergebende »Zusammenrücken der Kulturen« und einen nie dagewesenen Informationsaustausch gibt es immer mehr Gruppen und Subkulturen, in denen alternative Lebensweisen anerkannt sind und ausgelebt werden können.

Dies macht unser gesellschaftliches Zusammenleben – bei allen Vorteilen für das Individuum – nicht unbedingt einfacher und bringt mit der Wahlfreiheit, die an sich den ein oder anderen schon verunsichert und überfordert, auch weitreichende gesellschaftliche Herausforderungen mit sich. Wo es früher im kleinen »Clan« noch einfacher war, einen Konsens zu finden, mit dem alle gut leben konnten, müssen wir heute lernen, unterschiedliche Lebensweisen zu akzeptieren und zu respektieren. Dass dies keine einfache Sache ist, zeigt die aktuelle Weltsituation.

Es ist die Aufgabe unserer Zeit, dafür Lösungen zu finden, um als Gesellschaft dauerhaft funktionieren zu können.

Stark vereinfacht gesagt ist das Potenzial eine Welt, in der jeder sein kann, wie/wer er ist, und als solcher anerkannt wird – wir dürfen nur nicht in das Gegenteil abrutschen. Was im Großen für die Gesellschaft schwierig ist, ist auch schon in der kleinsten sozialen Zelle – der Beziehung zwischen zwei Menschen – eine enorme Herausforderung.

DAS »DIE-GLÜCKLICHE-FAMILIE«-PROGRAMM

Was hat dies alles nun mit der Liebe oder gar der Partnerschaft zu tun? Sehr viel, denn die Rollenbilder nehmen wir auch mit in unsere Beziehungen, und zum Thema Liebe und Beziehung gibt es ein ganz mächtiges Rollenbild, das u. a. auch Hollywood mit verbreitet hat und das sehr viele von uns übernommen haben. Dazu später mehr. Zunächst möchte ich auf den genetischen Anteil eingehen, den wir ebenfalls mit Rollenbildern versehen haben: Ich nenne es das »Die-glückliche-Familie«-Programm.

Aus meiner Beobachtung heraus sind Männer und Frauen, die ihre Beziehung gemäß dem aktuellen gesellschaftlichen Rollenbild leben, zu gleichen Teilen Täter wie Opfer. Die Frau verfolgt vielleicht sogar – auch aufgrund der ihr zugewiesenen Rollenbilder – noch stärker das »Die-glückliche-Familie«-Programm. Fast alle Frauen werden irgendwann von dem starken Wunsch nach einem Baby erfüllt, es erscheint ihnen dann als wichtigstes Ziel, ein Kind zu bekommen. Unsere genetischen Programme und unsere Rollenbilder aus der Mitte des 20. Jahrhunderts (und davor) geben vor: Zuvor muss der passende

Rahmen geschaffen werden; stabile Verhältnisse mit Ehemann und zukünftigem Vater, dem Versorger der Familie und gleichzeitig dem Prinzen für die Herzensdame.

Die Frau soll hier nicht als Verantwortliche an den Pranger gestellt werden; genau wie die Frauen sind auch die Männer unbewusst in diesem sich gegenseitig verstärkenden Spannungsfeld aus gesellschaftlichem Ideal-/Rollenbild und genetisch bedingtem Vermehrungsdrang gefangen.

Zudem haben die Männer bzw. das Patriachat und mächtige Interessengemeinschaften (wie zum Beispiel viele Glaubensgemeinschaften, vorrangig von Männern beherrschte Organisationen) viel dazu getan, dieses Rollenbild zu etablieren, erfüllen sich doch so jene Männerträume von der fürsorgenden, folgsamen und sittsamen Ehefrau. Keine Gefahr für den Ehemann durch einen »Nebenbuhler«, keine Gefahr, sich mit einem Konkurrenten auseinandersetzen zu müssen, und der Mann hat das letzte Wort. Basta.

EXKURS: SERIELLE MONOGAMIE

Dass sich dieses System als große (Selbst-)Lüge und reine Hülle, bisweilen sogar als Farce erweist und weder für den Mann noch für die Frau von Vorteil ist, stellt die aktuelle Generation fest: Fast jede zweite Ehe wird geschieden, Tendenz steigend.

Das Modell der Monogamie, wie es von vielen derzeit verstanden und gelebt wird, will überdacht werden. Welche Beziehungsform (Monogamie, offene Beziehung, Polyamorie etc.) die Akteure wählen, ist nicht entscheidend für eine glückliche Beziehung, denn jede kann für die Beteiligten genau die richtige sein. Also ist nicht die Monogamie an sich als Konzept überholt, sondern wie wir unsere monogamen Beziehungen führen.

Wo früher noch die finanzielle Abhängigkeit und die gesellschaftliche Nicht-Akzeptanz von Scheidungen die Paare zusammenkettete, man Höhen und Tiefen mangels einer Alternative durchleben musste und so mit der Zeit vielleicht doch zu einem Team zusammenwuchs (natürlich nicht immer), zeigt sich heute die nackte Wahrheit: Es ist ganz offensichtlich langfristig nicht erfüllend für die Menschen, wie wir heute Beziehungen leben, und mit der neu gewonnen Freiheit durch die Option der Scheidung wird der Einzelne immer mehr zum Austauschobjekt degradiert, da uns ein Konzept für eine dauerhafte Partnerschaft in Freiheit fehlt. Uns fehlt noch die Kompetenz, mit dieser Freiheit umzugehen. Aus meiner Sicht erforschen wir gerade die Möglichkeiten, und auch deshalb sind viele neuartige Beziehungskonzepte immer mehr im Gespräch.

Nach einer Trennung sind sich viele sicher: Das war nicht der/die Richtige für mich. Und sie setzen alle Hoffnungen auf den/die Nächste(n). Wenn es dann mit diesem/dieser ebenfalls nicht klappt, dann war es halt auch nicht der/die Richtige. Die Erwartungshaltung an unseren Partner ist – im Gegensatz zu früher – ins Unermessliche gestiegen.

Verlockend leicht können wir mit einem Mausklick neue Beziehungen eingehen, und wir vergleichen unsere Partner andauernd mit einem imaginären Idealbild, das fernab jeder Wirklichkeit ist. Die (Wahl-)Freiheit hat sich in der aktuell gelebten Form als Bumerang erwiesen.

Aber es gibt auch viele, die den Kreislauf der seriellen Monogamie durchbrechen wollen. Die nicht mehr einen Partner nach dem anderen aus der Partnerbörse im Internet »wischen« wollen, immer in der Hoffnung, dass dieser der/die Richtige ist. Wir müssen aufhören, den Menschen als austauschbare »Ware« zu betrachten, in der irren Hoffnung, der/die Nächste könnte der Traumprinz oder die Traumprinzessin sein. Immer mehr Männer und Frauen werden sich bewusst, dass sich etwas ändern muss, damit wir erfüllende Partnerschaften führen können.

DAS HOLLYWOOD-ROLLENBILD

Betrachten wir noch ein weiteres Rollenbild, welches die meisten von uns »mit der Muttermilch« eingesogen haben. Zum Zeitpunkt meiner Scheidung war ich nach drei Jahren innerem Trennungskampf an einem Punkt, der mich ratlos hinterließ: Ich hatte (endlich) festgestellt, dass »Hollywood« für mich nicht funktioniert. Und dabei hätte ich zum einen nicht gedacht, dass ausgerechnet ich der Typ bin, der die Story vom Prinzen auf dem weißen Pferd ernst nimmt (ich bin eher geerdet und realistisch), geschweige denn ihr auch noch folgt, zum anderen hatte ich nicht die geringste Ahnung, dass ich überhaupt ein

Rollenbild in meinem System hinterlegt hatte. Ich tat es einfach unhinterfragt – wie so viele andere auch.

Denn es war das, was mir durch die Gesellschaft immer wieder vorgelebt und gezeigt wurde (natürlich ist nicht allein Hollywood für das Rollenbild zuständig, aber die Unterhaltungsindustrie hat es mit gefördert). Viele unserer (Liebes-)Filme sind nach demselben Schema gestrickt: Ein Mädchen/eine Frau wird nach einigen Hindernissen von ihrem Prinzen, in den sie sich unendlich verliebt hat, gerettet. Sobald sich die zwei gefunden haben, endet der Film. Kein Wunder, denn wer will schon sehen, wie bei Prinz und Prinzessin der Alltag einkehrt?

Hunderten Filmen für Kinder und Erwachsene liegt die Cinderella-Story mehr oder weniger direkt zugrunde. Dies ist ja grundsätzlich nichts Schlechtes. Filme sollen uns ja unterhalten, und Liebesfilme dürfen uns auch schmachten lassen. Die Brisanz liegt darin, dass wir irgendwann die Fiktion im Film zur Wunschrealität ernannt haben. Zur Verteidigung der Filmindustrie will ich nicht unter den Teppich kehren, dass es auch sehr viele Filme gibt, die die Liebe von anderen Seiten beleuchten. Doch wir sehen dieses Traumbild von der Liebe überall um uns herum. Nicht nur im Film, auch in den Magazinen, in der Werbung (wer ein Traumprinz sein will, nutzt dieses oder jenes Deo usw.), im Internet – überall wird es uns als Optimum »verkauft«. Kein Wunder also, dass wir danach streben.

Was dahintersteckt, ist die äußerst folgenreiche Vorstellung, es gebe »den oder die EINE«. EINEN Menschen, der für mich geschaffen ist. Meinen Seelenpartner, meine Rettung, mein Ein und Alles, meinen Schatz. Vergessen Sie das ganz schnell. Es schadet Ihnen. Es gibt mehrere Menschen, die sehr gut zu Ihnen passen, es gibt viele, die mittelprächtig mit Ihnen harmonieren, und es gibt welche, mit denen ganz sicher nichts zusammengeht.

Auch ich nahm das Rollenbild für so selbstverständlich, dass ich *gar nicht auf die Idee kam*, ich könnte es anders machen. Es ist, als hätte jemand frühzeitig eine Diskette in mein Laufwerk eingelegt, die vergessen ging und von der ständig das Programm eingespeist wurde. So hatte es auch die volle Kontrolle über mich, hinterfragen kann man schließlich nur, was einem bewusst ist.

Ich halte mich für eine moderne, reflektierte und aufgeklärte Frau, die ihre Partnerschaften nicht naiv oder gedankenlos gelebt hat, schließlich ist das Leben kein Film. Ich investierte viel Aufmerksamkeit und Zeit in meine Beziehungen, um sie bestmöglich zu gestalten. Erst nach meiner Trennung – und dank der dadurch erworbenen Erkenntnisse – wurde mir jedoch klar, dass ich unbewusst dem Hollywood-Schema gefolgt war, dass ich die Liebe missinterpretiert hatte. Subtil und unbemerkt hatte sich das Programm von der Diskette in meinem Leben ausgebreitet und mich massiv in meinem Handeln und Erleben beeinflusst.

Welche Indizien könnten darauf hindeuten, dass auch Sie der »Hollywood-Story« folgen? Bitte berücksichtigen Sie, dass jeder der folgenden Punkte auch andere Ursachen haben kann und diese Aufzählung mit einem Augenzwinkern zu verstehen ist!

- Sie suchen *den einen* Mann/*die eine* Frau, der/die Sie endlich glücklich macht
- Sie verstehen gar nicht, warum Ihr Partner nicht Ihre Bedürfnisse kennt – nach all den Jahren müsste er/sie es doch wissen, auch ohne dass Sie es ihm/ihr sagen müssen
- Sie wären gerne wieder so verliebt wie am Anfang Ihrer Beziehung und haben die Angst, dass Sie den falschen Partner haben, da Sie sich nicht mehr so verliebt fühlen
- Wenn Sie Liebesfilme sehen, wünschen Sie sich eine solche Beziehung und spüren das große Loch in Ihrer Beziehung
- Sie verspüren eine große Sehnsucht nach der einen wahren Liebe
- Die Liebe ist für Sie etwas Magisches, und wenn das Magische nicht mehr da ist, dann ist es auch keine Liebe mehr
- Sie sind der Ansicht, dass Partnerschaft in einer »gesunden« Beziehung »wie von selbst« läuft
- Sie versuchen Ihre(n) Partner/in zu Ihrem Traumprinzen oder Ihrer Traumprinzessin »umzuformen«
- Sie sprechen Dinge, die Sie in Ihrer Beziehung stören, nicht an. Entweder, weil Sie es schon so oft erfolglos getan haben (und sich doch nichts ändert), oder aus Angst/des lieben Friedens willen

Leider gelangt man zu der Erkenntnis, dass man sein bisheriges Leben in Sachen Beziehungen einem Rollenbild gefolgt ist, meist nur über die eigene, oft schmerzvolle Erfahrung. Was also, wenn es einem wie Schuppen von den Augen fällt: Verdammt, ich bin auf die Hollywood-

Liebe hereingefallen? Es ist schmerzhaft, dies zu erkennen. Man hat das Gefühl, einer Lüge aufgesessen zu sein, die so umfassend ist, dass man sich wundert, wie man das bisher nicht sehen konnte. Und gleichzeitig ist es eine befreiende Erfahrung. Weil man spürt, es kann auch anders gehen, selbst wenn man das *Wie* noch nicht gleich für sich gefunden hat. Und weil man die wahre Dimension der Liebe zu erahnen beginnt.

Plötzlich ist man frei, seine eigene Vorstellung umzusetzen, man kann endlich *selbst entscheiden,* was man möchte. Und damit steht man vor der großen Frage: Wenn das so für mich nicht funktioniert, wie dann? Man war ja bisher ganz selbstverständlich davon ausgegangen, dass man schon weiß, wie die optimale Beziehung aussieht, was Liebe ist und wie sie sich darstellt bzw. darzustellen hat.

Momentan fehlt es noch an einer repräsentativen Menge an Vorbildern in der Gesellschaft, die alternative Ideen, eine Partnerschaft in Liebe zu gestalten, vertreten und umsetzen. Zwar ist jeder Weg, eine Partnerschaft zu leben, einzigartig; dennoch hilft es ungemein, wenn in einer Gesellschaft nicht nur *eine* Möglichkeit akzeptiert ist. Gibt es Vielfalt, werden andere ermutigt, ebenfalls Vielfalt zu leben. Ist nur ein Weg anerkannt, ist jeder ein Außenseiter, der davon abweicht (und das wollen die wenigsten sein …).

Zum Zeitpunkt, als ich die »Hollywood-Erkenntnis« für mich hatte, machte sich bei mir eine große Verunsicherung breit, denn ich war wieder verliebt. Wie sollte ich eine Beziehung leben, wenn ich keine Idee davon hatte, wie ich Beziehung leben will? Ein paar Vorstellungen, Ahnungen und Ansätze hat zum Glück jeder dazu, und schon beginnt die ganz individuelle Reise eines jeden Einzelnen zu seinem ganz persönlichen Beziehungsweg.

ZUSAMMENFASSUNG:

- Rollenbilder sind in unserem Unterbewusstsein verankert.
- Überlegen Sie, welche Rollenbilder Sie verinnerlicht haben und ob Sie diesen zustimmen oder ob Sie vielleicht manche davon ablegen bzw. modifizieren möchten.
- Nicht das Beziehungsmodell ist entscheidend für das Beziehungsglück, sondern vielmehr unsere gesamte Betrachtungs- und Umgangsweise.
- Lösen Sie sich von einem allzu illusorischen Bild eines Traumpartners: Hollywood ade!
- Denken Sie offen und unvoreingenommen auch andere Beziehungsmodelle durch.
- Finden Sie mit Ihrem Partner Ihr eigenes Optimum, unabhängig von der gesellschaftlich vorliegenden Schablone.
- Lassen Sie sich nicht von der Angst leiten, sondern seien Sie mutig und probieren Sie etwas Neues aus.

HILFREICHES:

Fangen Sie an, die Rollenbilder und Dogmen zu identifizieren, die Sie am meisten an einem selbstbestimmten Leben hindern. Gehen Sie in die Tiefe und erforschen Sie, wann in Ihrem Leben – und vielleicht auch durch wen – das Rollenbild/Dogma in Ihnen verankert wurde. Arbeiten Sie dann bewusst gegen

Ihre innere Selbstzensur an. Seien Sie wachsam im Alltag, beobachten Sie, wann und wer um Sie herum im Alltag auf Basis bestimmter Rollenbilder handelt oder denkt. So trainieren Sie Ihren Blick dafür, Rollenbilder zu enttarnen. Überlegen Sie sich dann, wie es aussehen könnte, wenn das Rollenbild nicht existent wäre: Welche Denk- oder Handlungsweisen könnten dann Raum gewinnen? Was würde dies verändern? Wenn Sie stark unter fest verankerten Glaubenssätzen leiden, dann empfehle ich Ihnen ein Coaching, um diese loszulassen oder aufzulösen.

5. DAS INNERE KIND

»Der Schwache kann nicht verzeihen. Verzeihen ist eine Eigenschaft des Starken.«

Mahatma Gandhi

Bryson Burroughs, 1896

AUFMERKSAMKEIT FÜR UNSEREN VERGESSENEN WESENSANTEIL

Vielleicht haben Sie sich schon mit Ihrem inneren Kind auseinandergesetzt, vielleicht ist dies für Sie aber auch noch ein ganz neues Konzept. Ich spreche der Einfachheit halber im weiteren Verlauf vom inneren Kind wie von einer eigenständigen Person. Es ist natürlich keine, sondern unser kindlicher Anteil in der Persönlichkeitsstruktur. Es hilft aber, wenn Sie sich diesen tatsächlich als Kind visualisieren. Jeder von uns trägt sein inneres Kind in sich. Nur wir selbst können uns um es kümmern, wir können die Verantwortung an niemanden abgeben.

Auch wenn wir das innere Kind im Prozess des Erwachsenwerdens ins Unterbewusste geschoben haben und manch einer irgendwann gar nicht mehr so gerne an es denken mag, insbesondere, wenn die Kindheit schmerzvoll war: Es ist wichtig, in einer guten Beziehung zu seinem inneren Kind zu stehen, denn nur so können Sie einen Weg zu sich selbst finden und in Kontakt zu Ihren wahren Wünschen und Bedürfnissen kommen.

Auch hat alles, was wir verdrängen wollen, die unangenehme Eigenschaft, auf die ein oder andere Weise zu uns zurückzukehren. Schauen Sie also lieber hin und kümmern Sie sich. Für eine erfüllte Partnerschaft ist es essenziell, dass Sie in gutem Kontakt mit Ihrem Inneren sind und alle Anteile anschauen können.

Das innere Kind steht symbolisch für alle gespeicherten Gefühle, Erinnerungen und Erfahrungen aus der Kindheit, wovon die meisten unbewusst sind. Es ist Teil unseres vielfältigen Wesens, das unsere Persönlichkeit ausmacht, und es ist die Brücke zu unserer Kindheit. Da wir in der Kindheit starke Prägungen erfahren haben, können Sie sich denken, wie groß der Einfluss des inneren Kindes auf unser erwachsenes Ich ist – und zwar umso größer, je verletzter und ungeliebter sich dieser Wesensanteil in Ihnen fühlt. Schneiden wir uns von diesen Emotionen ab, da sie unangenehm und schmerzvoll sind, fühlen wir uns auf Dauer leer, einsam und ungeliebt. Wir neigen dazu, uns den Erwartungen der Umwelt anzupassen und können nicht mehr spüren, was uns tatsächlich guttun würde.

Wie sich also mit dem inneren Kind aussöhnen, damit es uns nicht immer wieder in allen möglichen und unmöglichen Situationen mit unseren schmerzvollen Erfahrungen konfrontiert? Damit wir erfolgreich mit dem inneren Kind umgehen können, benötigt es den inneren Erwachsenen, der sich liebevoll und fürsorglich um die Anteile aus der Kindheit kümmert. Wenn sich unser erwachsenes Ich die Mühe macht, sich mit dem nach kindlichen Empfindungen, Maßstäben und Möglichkeiten reagierenden Anteil in uns konstruktiv auseinanderzusetzen, dann kann Harmonie in uns entstehen.

DAS INNERE KIND IN DER PARTNERSCHAFT

Gerade in unseren Beziehungen meldet sich das innere Kind häufig, denn wir öffnen uns hier emotional auf eine sehr tiefgehende Weise. All die unerfüllten kindlichen Wünsche und Sehnsüchte und die Verletzungen aus der Kindheit, die wir alle auch bei bestem Elternhaus in uns tragen, steigen nur zu leicht nach oben, »überschwemmen« uns manchmal sogar und übernehmen gerne einmal die Kontrolle. Insbesondere in Auseinandersetzungen kann dies problematisch werden. Denn das innere Kind denkt und fühlt eben wie ein kleines Kind und lässt uns entsprechend handeln. Dass dies in Konfliktsituationen nicht förderlich ist, ist leicht nachvollziehbar. Überprüfen Sie also Ihre inneren Impulse zuerst auch auf die Quelle hin: Spricht gerade das Kind in Ihnen oder der Erwachsene? Wenn es das Kind ist: Sind seine Bedürfnisse und Wünsche gerechtfertigt oder Ausdruck seiner Verletzung? Ist es hilfreich, sie 1:1 auf die vorliegende Situation anzuwenden?

Lassen Sie nicht das Kind die Führung übernehmen, denn dann passiert es leicht, dass zwei kleine Kinder anstelle zweier erwachsener Menschen den Streit ausfechten. Und dies führt meist nicht zu einem toleranten und verantwortungsbewussten Miteinander, zumal in Konfliktsituationen in der Regel die verletzten Anteile unserer inneren Kinder aktiv sind. Übernehmen Sie als Erwachsener das Ruder!

Um das innere Kind und seine Verletzungen sollten Sie sich in jedem Fall kümmern, das ist Ihre Verantwortung, denn sonst wird es in ähnlichen Situationen immer wieder aufschreien und Ihnen und Ihren Mitmenschen das Leben schwer machen. Nehmen Sie solche Aktivierungen des verletzten inneren Kindes also ernst, handeln Sie aber als Erwachsener.

ZUSAMMENFASSUNG:

- Für eine glückliche Beziehung ist es wichtig, dass Sie mit Ihrem inneren Kind in Kontakt stehen.
- Nehmen Sie Ihr inneres Kind ernst und seien Sie für es da. Bauen Sie einen »guten Draht« zu Ihrem inneren Kind auf.
- Überprüfen Sie Ihre Impulse insbesondere in Konfliktsituationen: Hat gerade das (verletzte) innere Kind oder der Erwachsene die Führung inne? Lassen Sie den Erwachsenen die Führung übernehmen.
- Geben Sie Ihrem inneren Kind, was es braucht, aber sagen Sie ihm auch, warum manches nicht geht. Übernehmen Sie Verantwortung!

HILFREICHES:

- Erinnern Sie sich an schöne Dinge aus Ihrer Vergangenheit. Was haben Sie als Kind gerne getan, womit fühlten Sie sich als Kind wohl, welche schönen Erlebnisse gibt es? Falls Ihnen nicht so recht etwas einfallen will: Schauen Sie alte Fotos an oder lassen Sie die innere Frage einfach ein paar Tage wirken.
- Womit auch immer Sie als Kind glücklich waren: Tun Sie es wieder! Nehmen Sie die Freude bei diesen Tätigkeiten in sich wahr.
- Sie können auch eine Meditation machen, wenn Ihnen dies liegt. Visualisieren Sie in der Entspannung einen positiven Raum Ihrer Kindheit und schauen Sie, ob Sie Ihr inneres Kind entdecken.

Solche Meditationen sollten bei schwieriger Kindheit von einem professionellen Begleiter geführt werden, da es zu starken Gefühlsregungen kommen kann. Spüren Sie in sich hinein: Wie fühlt sich Ihr inneres Kind? Ist es traurig, verletzt, wütend, verzweifelt, ängstlich, trotzig…? Überlegen Sie, was Ihrem Kind helfen könnte, stellen Sie ihm (also sich selbst) innerlich die Frage: was brauchst du, damit du dich besser fühlst? Versuchen Sie ihm das zu geben. Oft reicht es im ersten Schritt schon, da zu sein, es wahrzunehmen oder es zu halten, es gedanklich in den Arm zu nehmen oder zu trösten.

- Vielleicht möchten Sie ihm einen Brief schreiben – keine Idee ist verrückt, wenn Sie Ihnen guttut.
- Geben Sie Ihrem inneren Kind Zeit, wieder Vertrauen zu fassen und zu verstehen, dass der innere Erwachsene nun für es da ist und es aktiv durch das Leben begleitet und führt.
- Hören Sie auf Ihr inneres Kind, wenn es zum Beispiel einen anderen als den gewohnten Weg beim Gassi gehen mit dem Hund einschlagen will, folgen Sie dem Impuls einfach einmal. Machen Sie spontan eine Reise, wenn Ihr inneres Kind dies vorschlägt, oder andere verrückte Dinge. Singen, tanzen und lachen Sie mit Ihrem inneren Kind innerlich oder auch ganz real im Außen, und genießen Sie das Glück, das sich daraus für Sie ergeben kann. So halten Sie die Verbindung nicht nur aufrecht, sondern bauen Sie aus und können diesen wichtigen Wesensanteil integrieren, sich mit ihm aussöhnen und profitieren.

6. DIE ANGST

»Die Welt kennen,
heißt,
sich selbst zu kennen.«

Indianisches Sprichwort

Odilon Redon, 1891

DAS GEGENTEIL DER LIEBE

Bevor wir im weiteren Verlauf zur Liebe kommen, gibt es (immer noch) ein wenig Arbeit an sich selbst zu vollbringen. Lassen Sie uns abtauchen in unsere (Un-)Tiefen und einen Schatz heben.

Was ist das Gegenteil der Liebe? »Der Hass«, werden viele sagen. Ich sage: Es ist die Angst. Der Hass ist zu eindimensional, deckt zu wenige Aspekte ab und entsteht häufig aus der Angst heraus. Hass ist also auch eine Folge der Angst. Die Liebe ist eine sehr direkte, klare Kraft, sie webt sich aber so vielschichtig durch unser Sein und ist so reichhaltig im Ausdruck, dass sie sich uns in vielerlei Situationen und Gesichtern zeigen kann.

Die Angst ist das Pendant dazu. Auch die Angst zeigt sich uns in unendlichen Variationen. Aus der Angst heraus entwickeln wir vielfältige und teils kreative Schutzmechanismen, die uns vor der Angst bewahren sollen (Angst vor der Angst), denn es geht manchmal gefühlt um das eigene (Über-)Leben. Gespeist von traumatischen (Kindheits-)Erfahrungen und nicht aufgearbeiteten (Lebens-)Krisen kann die Angst tatsächlich lebensbedrohliche Ausmaße annehmen. Dann beginnt sie im Herzen (der Gefühlsebene) und frisst sich mehr oder weniger bewusst zum Kopf vor. Es gibt aber auch den umgekehrten Weg: Die Angst fängt im Kopf an und frisst sich durch bis zu den Gefühlen. Manchmal lassen wir dies zu, gebieten einer beginnenden Angstwelle in unserer Gedankenwelt nicht rechtzeitig aktiv Einhalt, sondern verstärken sie, indem wir uns – in unserer Angstfilterblase gefangen – nur noch mit Informationen umgeben, die unsere Angst bestätigen oder sogar verstärken. So kann ein riesiges inneres Angstkonstrukt entstehen, das in unser Herz dringt und sich dann auch auf der Gefühlsebene und in unserem Alltag materialisiert.

ANGST MACHT AUCH SINN

Man mag sich jetzt fragen, warum die Natur die Angst überhaupt erfunden hat. Bei genauem Hinsehen ist die Angst durchaus sehr nützlich, hat sie uns doch schon vor Urzeiten rechtzeitig vor gefährlichen Tieren oder lebensbedrohlichen Situationen gewarnt. Auch heute noch ist Angst ein sinnvolles Warnsignal, das uns vor vielem bewahrt: vor riskantem Verhalten in Alltag und Freizeit wie zum Beispiel auch vor riskanten Geschäften. Die Angst ist eine Art Instinkt, der uns schützt. Ohne die Angst wäre der Mensch nicht überlebensfähig. Die Herausforderung ist, die Angst in uns dort aufzuspüren, wo sie uns behindert. Es gibt bewusst gefühlte Angst, die sich auf eine Aktion bezieht. Zum Beispiel haben die meisten Menschen Angst vor einem Bungeesprung. Das ist auch sinnvoll, und diese Angst wird sehr bewusst wahrgenommen. Sie äußert sich psychisch und physisch: Man verspürt Angst bis hin zur Panik, kann nicht mehr klar denken oder sprechen, man schwitzt, die Hände zittern.

Einige können gut mit dieser bewussten Form der Angst umgehen, andere weniger gut, und manch einer lässt das einfach sein mit dem Sprung in die Tiefe. Und dann gibt es noch die unbewusste Angst, die, die wir nicht so einfach aufspüren und wahrnehmen können, die uns aber dennoch in massiver Weise in unserem Denken und Handeln beeinflusst. Sie entspringt vielen unterschiedlichen Quellen, von denen ich einige schon genannt habe (Rollenbilder, Vorurteile, Glaubenssätze, traumatische Erlebnisse, schmerzhafte Erfahrungen etc.).

ANGST LÄSST UNS NICHT FREI SEIN

In unseren Beziehungen wie auch in unserem sonstigen Leben behindert uns die Angst häufig. Sie lässt uns nicht frei sein, schlimmer noch: Sie verbietet nur allzu oft unserem Partner und manchmal sogar anderen Personen in unserem sozialen Umfeld, frei zu sein. Wir schnappen aus Angst zu wie eine Muschel, bevor wir überhaupt realisieren, warum wir so reagieren.

Wir überlassen dem automatisierten Unterbewussten die Kontrolle, statt in uns hineinzulauschen, zu reflektieren und nach bewusster Abwägung eine Entscheidung zu treffen. Bei vielen ist der Mechanismus so perfektioniert, dass sie die Angst hinter den negativen Gefühlen nicht mehr erkennen. Für sie wird es schwer, das Angstmuster aufzuspüren.

Die unreflektierte Angst ist in Beziehungen besonders problematisch, da sie nicht nur uns selbst an einem selbstbestimmten, erfüllten Leben hindert, sondern dies auch unserem Partner verwehrt. Man kann nur dann dem Partner ein freies Sein ermöglichen, wenn man sich mit seiner eigenen Angst auseinandersetzt, sie auf die bewusste Ebene holt und somit den Automatismen Einhalt gebietet.

Wie können wir der Angst begegnen? Achten Sie im ersten Schritt insbesondere bei allen schwierigen Themen ganz genau darauf, welche Gefühle Sie wahrnehmen. Aus Selbstschutz haben wir uns angewöhnt, andere verantwortlich zu machen, wenn etwas schiefgeht. Nur allzu schnell suchen wir einen Verantwortlichen im Außen und begeben uns damit in die Opferrolle. Fangen Sie an, nach innen zu blicken:

- Welche (negativen) Gefühle habe ich gerade?
- Welche Angst könnte dahinterstecken?
- Ist die Angst gerechtfertigt, oder ist sie – gespeist aus anderen Quellen – in Relation zur momentanen Situation übermäßig ausgeprägt?
- Was und wie viel haben meine Gefühle tatsächlich mit der aktuellen Situation zu tun?
- Was könnte ich selbst damit zu tun haben? Wo liegt mein Anteil?
- Was kann *ich* tun, um die Situation aufzulösen?
- Welches Verhalten der Menschen in meiner Umgebung würde mir helfen, die Situation zu bewältigen?

Es ist sehr schwer, diese Überlegungen in einer Situation, in der wir aus der Angst heraus reagieren, anzustellen, und es kostet oft auch einiges an innerer Überwindung. Manchmal ist es nur im Nachhinein möglich, aber auch das ist sehr wertvoll, denn mit der Zeit können wir so dem Auslöser der Angst und unserem dadurch angestoßenen, typischen Handlungsmuster immer näher kommen.

Falls Sie allerdings merken, dass Sie einige solcher Themen haben, die Sie nicht ohne Hilfe in den Griff bekommen, dann scheuen Sie sich nicht, jemanden zu suchen, der Ihnen helfen kann, Ihre traumatischen Erfahrungen aufzuarbeiten. Wir müssen nicht alles alleine bewältigen!

Wenn Sie sich das Zepter nicht mehr von der Angst aus der Hand nehmen und diese nicht mehr unreflektiert für Sie handeln lassen, sind Sie es selbst, der/die das Leben nach Ihren Wünschen gestaltet. Und das ist auf Dauer doch die wesentlich angenehmere Position – wenn auch anfangs die gefühlt aufwendigere.

Vielleicht gehen Sie bereits auf diese Weise mit Ihren Ängsten um, vielleicht ist vieles davon für Sie Neuland. Wir sind gerne auf der »ausgebauten, schnellen und bequemen Autobahn« unterwegs, folgen unseren Schemata, die wir über die Jahre ausgeprägt und etabliert haben, ohne darüber nachzudenken, und wundern uns dann, wenn wir immer am selben Ziel ankommen. Trauen Sie sich, auf den holprigen Feldweg abzubiegen, es lohnt sich. Sie werden viel über sich selbst in Erfahrung bringen. Und wer weiß, vielleicht liegt hinter der nächsten Kurve oder ein Stück weiter hinter dem dunklen Wald auch ein lohnenswerteres Ziel, als es die Autobahn zu bieten hat!

In einer Partnerschaft gehen im besten Fall beide Partner auf diese Weise mit ihren Ängsten um. Nur so kann eine reflektierte und achtsame Beziehung entstehen. Nur dann kann die Liebe wirken. Es reicht leider nicht aus, wenn nur einer sich auf diesen Weg begibt. Erkunden Sie diese Vorgehensweise gemeinsam oder ermutigen Sie Ihren Partner zur Innenschau, weisen Sie ihn liebevoll auf eventuell vorhandene Muster und zugrunde liegende Ängste hin. Nehmen Sie auch seine Beobachtungen in Bezug auf Ihre Muster und Ängste dankend an und denken Sie darüber ernsthaft nach. Der Blick von außen ist überaus wertvoll, da wir häufig »blinde Flecken« haben, was unser eigenes Verhalten betrifft.

Machen Sie sich aber auch bewusst, wo Ihre Angst vielleicht einen guten Grund hat und Sie eine Grenze setzen wollen, damit es Ihnen weiterhin gut geht. Überfordern Sie sich und Ihren Partner nicht, und seien Sie vor allen Dingen nachsichtig. Sehen Sie Ihre Partnerschaft wie eine zarte Blume, hegen und pflegen Sie diese und geben Sie ihr Raum und Zeit, sich zu entfalten.

UNTERSCHIEDLICHE ANGSTVERMEIDUNGS-STRATEGIEN

Mein Mann und ich haben ein Problem: Wenn mich etwas ängstigt, dann möchte ich möglichst viel darüber reden, das Problem von allen Seiten beleuchten, der Situation ins Auge blicken und der Sache so die Angst nehmen. Mein Mann möchte aber gerade nicht reden, er will in Deckung gehen und der Angst ausweichen. Bis wir erkannt haben, dass wir unterschiedliche Angstvermeidungsstrategien (AVS) haben und wie wir damit umgehen können, hatten wir unzählige Streitgespräche hinter uns, die sich weniger um die Situation und das beängstigende Thema als um den Umgang mit der Angst drehten. Wir hatten viel Zeit und Energie investiert, ohne der eigentlichen, dahinterliegenden Problemstellung auch nur nahe zu kommen.

Auch AVS laufen fast immer unbewusst ab. Versuchen Sie sich Ihre AVS daher bewusst zu machen: Wie gehen Sie und Ihr Partner jeweils mit Angst um, und welches Konfliktpotenzial liegt in Ihren womöglich unterschiedlichen Verarbeitungsweisen? Überlegen Sie dann, wie Sie dieses Konfliktpotenzial auflösen können, damit Sie sich bei der nächsten Situation, in der die AVS aktiv wird, nicht gegenseitig negativ verstärken, sondern sich dem eigentlichen Problem und seiner Lösung widmen können, statt in der AVS stecken zu bleiben.

ZUSAMMENFASSUNG:

- Angst verhindert, dass wir frei sind.
- Blicken Sie hinter die Angst: Was steckt in der Tiefe?
- Überlegen Sie in Situationen, die von Angst bestimmt sind, was Ihnen helfen würde.
- Trainieren Sie, Ihre Muster zu erkennen und den Automatismus zu unterbrechen.
- Arbeiten Sie mit Ihrem Partner zusammen.
- Enttarnen Sie Ihre Angstvermeidungsstrategien und finden Sie einen produktiven Umgang mit der Angst.
- Holen Sie sich professionelle Unterstützung, wenn Sie alleine mit einem Ihrer Muster überfordert sind.
- Beachten Sie auch, dass Angst ein berechtigtes Warnsignal sein kann: Prüfen Sie, ob eine Grenze überschritten wird und die Angst sie auf eine tatsächliche Gefahr hinweisen will. Stehen Sie in diesem Fall für sich ein.

HILFREICHES:

Beginnen Sie damit, Ihre Gefühle wirklich zuzulassen und wahrzunehmen. Das ist mitunter gar nicht so leicht, denn häufig haben wir uns von unseren Gefühlen abgeschnitten. In unserer rationalen Welt bekommen sie oft keinen oder nur sehr wenig Raum, sind unerwünscht oder werden als störend empfunden, und so ist unser Zugang zu den Gefühlen sukzessive verkümmert. Aber reine Ratio ohne die Gefühlsebene führt nicht zum Glück, ebenso wenig, wie es das reine, unreflektierte Ausleben unserer Gefühle tut. Die Verbindung unserer Gefühle mit dem Verstand (wahrnehmen und reflektieren!) bringt die Lösung. Seien Sie stolz auf sich, wenn Sie es schaffen, Ihre Gefühle deutlich und differenziert zu spüren, und arbeiten Sie daran, diese so zu akzeptieren und anzunehmen.

Überlegen Sie dann, was dieses Gefühl Ihnen sagen will. Welche Konsequenz hat es für Sie? In welcher Form möchten Sie es nach außen geben?

Üben Sie im nächsten Schritt, Ihre Gefühle sich selbst und anderen gegenüber in achtsamer Weise zu formulieren. Die Bearbeitung Ihrer Muster wird dann als dritter Schritt den Prozess abschließen. Seien

Sie geduldig und rechnen Sie damit, dass Sie ein Leben lang immer wieder auf neue Muster stoßen und bereits bearbeitete sich immer wieder einmal melden.

7. GRENZEN

»Persönliche Grenzen können ausgelotet und auch unvorsichtiger Weise überschritten werden – doch das Ende des Erkundungsganges meines Gegenüber lege ich fest.«

Detlev Wentzel

Rembrandt, 1633

WAS SIND INNERE GRENZEN?

Wie bereits im letzten Kapitel kurz angesprochen, ist die Wahrung eigener Grenzen äußerst wichtig. Was hat es damit auf sich? Jeder von uns hat innere Grenzen, die von anderen nicht überschritten werden sollten. Dazu zählen sowohl körperliche wie auch psychische Grenzen. Die körperlichen Grenzen sind einfacher zu spüren und somit auch einfacher zu verteidigen.

Wohl jeder wird mir zustimmen, dass niemand das Recht hat, mich intim zu berühren, wenn ich das nicht möchte. Neben solchen universell gültigen Grenzen hat jeder Mensch auch individuelle körperliche Grenzen. Im psychischen Bereich ist es schon schwieriger, und die Wahrnehmung und Verteidigung dieser Grenzen stellt sich oft herausfordernder dar. Zum Beispiel wird mir wohl fast niemand die Freiheit absprechen wollen, meine Freunde zu treffen, wann ich das möchte. Solange ich Single bin, kann ich mir meine Zeit – und somit auch Treffen mit Freunden – frei einteilen. Bin ich in einer Partnerschaft, wird das schon komplexer. Allzu schnell wird aus einem »ich stimme meine Termine mit dir ab« (was die Freiheit der eigenen Zeiteinteilung nicht im Kern beeinflusst) zu einem »ich kann meine Termine nicht ohne meinen Mann ausmachen« – womit wir uns in einer zumindest fragwürdigen Situation befinden, die man vielleicht überdenken sollte.

Die freie Einteilung der Zeit ist aus meiner Sicht ein Grundrecht einer jeden Person, und allzu schnell verschwimmen die Grenzen, die dieses schützen, im sozialen Gefüge. Dass andererseits Achtsamkeit und Rücksichtnahme in einer Beziehung notwendig sind, versteht sich von selbst. Sie merken sicherlich, wie fließend hier die Wahrung der eigenen Rechte und die Wahrung der Bedürfnisse und Rechte des Partners ineinander übergehen. Und das macht es häufig so schwer, die eigenen Grenzen zu erkennen und zu schützen. Schnell wird es in längeren Beziehungen zur Gewohnheit, zu einer Art »Grundrecht«, dass die Freiheiten des Partners massiv eingeschränkt werden – meist ohne dass man sich dessen bewusst ist.

Sie werden sich jetzt vielleicht fragen, ob das so schlimm ist, wenn man es gar nicht merkt? Ja, das ist es – und je länger Grenzen missachtet werden, umso schlimmer wird es! Sie werden sich immer mehr von dem entfernen, was Sie leben wollen, und irgendwann feststellen, dass Sie nicht glücklich sind. Wir sollten unsere Grenzen also erkennen, ernst nehmen, sie klar und deutlich formulieren und auf ihre Einhaltung achten.

Und es gibt noch einen Aspekt: Nur, wenn Sie gut »Nein« oder »Halt« sagen können, weiß auch Ihr Umfeld, woran es ist. Wenn Sie nachgeben, obwohl es Ihnen nicht guttut, wenn Sie Ihre Grenzen nach außen hin »verwaschen« kommunizieren, dann haben auch Ihre Mitmenschen Schwierigkeiten, diese zu erkennen und einzuhalten. Es erschwert den Umgang mit Ihnen, da man nie so recht weiß, woran man gerade ist. Bringen Sie also Klarheit in Ihre Beziehung(en), indem Sie sich um die Wahrung Ihrer Grenzen kümmern – das ist Ihren Mitmenschen gegenüber nur fair und wird sich sehr schnell auch auf Ihr Wohlbefinden auswirken.

WIE ERKENNE ICH MEINE GRENZEN?

Es ist gar nicht so einfach, notwendige Grenzen bzw. deren Überschreitung von Themen zu unterscheiden, bei denen noch Selbstarbeit vor einem liegt. Beides äußert sich erst einmal durch unliebsame Gefühlsregungen. Wird eine innere Grenze überschritten, kann es sein, dass Sie sich bedrängt oder überfahren fühlen. Auch Wut, Überforderung oder Stress kann ein Signal sein. Da diese Gefühle beispielsweise aber auch bei der Aktivierung einschränkender, angstgesteuerter Reaktionsmuster auftreten können, ist es besonders wichtig, dass Sie – wie bereits mehrmals erwähnt – nach der Ursache der Gefühle forschen.

Gehen Sie in die Tiefe und finden Sie heraus, warum Sie sich so fühlen. Versuchen Sie hierbei verschiedene Blickwinkel einzunehmen und das Thema aus allen Perspektiven zu beleuchten. Denken Sie nicht eindimensional, sondern in unterschiedliche Richtungen und versetzen Sie sich auch einmal in die Rolle und Situation des anderen. Nur so können Sie erkennen, ob es sich um ein Thema handelt, bei dem Sie sich selbst etwas justieren sollten, oder um eines, bei dem Sie eine Grenze setzen sollten, damit Sie Ihre Integrität wahren können.

Hilfreich ist es dabei auch, wenn Sie wissen, welche ethischen Prinzipien Sie verfolgen wollen, welche Ziele Sie haben und was Ihnen im Leben wichtig ist. Fangen Sie an, auf Ihre Grenzen zu achten und diese zu spüren. Das ist ein Prozess, der sich nicht von heute auf morgen vollzieht, zumal sich auch die Grenzen im Wandel befinden können.

WIE WAHRE ICH MEINE GRENZEN?

Machen Sie sich zu Beginn der bewussten Arbeit mit den inneren Grenzen zunächst klar, dass Ihre Mitmenschen diese vielleicht noch nicht oder nicht gut kennen – je nachdem, wie Sie bisher für Ihre Grenzen eingestanden sind. Auch sollte Ihre Grenze nicht eine hohe Mauer mit Stacheldraht obendrauf sein. Eine Grenze muss nicht mit Kanonen und Gewehren verteidigt werden. Überlegen Sie, welche Grenzen für Sie zu den unumstößlichen gehören und wo Sie noch eine gewisse Flexibilität haben.

Wichtig ist: Warten Sie nicht zu lange, bis Sie ein Signal geben, dass eine Grenze erreicht ist. Sonst stauen sich viele negative Emotionen an, die sich nur schwer kanalisieren lassen. Seien Sie mutig, ehrlich und in der Wahl Ihrer Worte achtsam, aber bestimmt, wenn Sie Ihre Grenze formulieren.

Um unsere Grenzen wahren zu können, müssen wir wissen, warum wir es überhaupt zulassen, dass unsere Grenzen überschritten werden. Hier ein paar mögliche Gründe – erkunden Sie, welche bei Ihnen greifen, wenn Sie Ihre Grenzen nicht wahren:

- Sie wollen dadurch selbstbewusst erscheinen (wobei langfristig häufig das Gegenteil der Fall ist)
- Sie suchen nach Bestätigung
- Sie wollen Verlässlichkeit zeigen
- Sie wollen von anderen gebraucht werden
- Sie wollen helfen
- Sie wollen die Harmonie nicht zerstören
- Sie wollen nicht unhöflich sein
- Sie wollen sich vor anderen nicht bloßstellen
- Sie haben Angst, sich schuldig zu machen, wenn Sie Nein sagen
- Sie wollen nicht egoistisch erscheinen
- Sie wollen dem Gegenüber gefallen
- Sie folgen einem Sicherheitsbedürfnis
- Sie haben Angst vor Missbilligung und Ablehnung

Überlegungen, die helfen, Ihre Grenzen zu wahren:
- Es ist immer Ihre Wahl, Ja oder Nein zu sagen
- Es ist essenziell, dass Sie wissen, was Sie selbst wollen und was Ihnen wichtig ist
- Es ist Ihr Recht, frei zu entscheiden, wem Sie Ihre Zeit schenken wollen und wie viel davon
- Es ist überflüssig, sich zu voreiligen Aussagen oder Zusagen verleiten zu lassen. Verschaffen Sie sich Zeit und vertagen Sie Ihre Antwort, wenn Sie sich noch nicht ganz sicher sind
- Sie müssen sich nicht entschuldigen oder Ausreden suchen, wenn Sie Nein sagen
- Machen Sie sich klar, dass ein Nein für Ihre Mitmenschen nicht so schlimm ist, wie Sie vielleicht denken. Auch nach einem Nein wird man sie noch mögen

Es nützt niemandem, wenn Sie sich verzetteln. Bleiben Sie klar und stehen Sie für Ihre Grenzen ebenso verlässlich ein wie für Ihre Zusagen. Auch eine gute Möglichkeit, wenn man mit einem Vorschlag oder einer Forderung nicht mitgehen kann: Kommunizieren Sie Ihre eigene Idee, machen Sie einen Gegenvorschlag, hinter dem Sie stehen, und arbeiten Sie gemeinsam an einer verbindenden Lösung.

Zu Beginn wird es sich noch etwas seltsam anfühlen, die eigenen Grenzen konsequent zu verteidigen, wie mit allem, wird auch dies mit der Zeit zur Gewohnheit und der positive Effekt lässt zum Glück nicht lange auf sich warten. Machen Sie sich diese Erfolge bewusst, feiern Sie sich innerlich, wenn Sie es geschafft haben, Ihre Grenze zu wahren.

EIGENE ERFAHRUNGEN

Meine eigenen Erfahrungen mit guten Grenzen im Beziehungsbereich sind sehr erkenntnisreich gewesen. Ein Beispiel: Zu Beginn der Öffnung unserer Beziehung hatte mein Mann große Probleme mit der Idee, dass ich mit einer anderen Person intim werden könnte. Wir sprachen darüber und stritten uns teilweise auch, und wir einigten uns darauf, dass er Zeit benötigt, um sich mit der Thematik auseinanderzusetzen. Ich willigte ein und wollte ihm gerne diese Zeit geben, obwohl ich schon merkte, dass es mit viel Kraft kosten würde. Drei Jahre später waren wir in der Sache nicht wesentlich weiter. In dieser Zeit versuchte ich mehrmals, das Thema voranzubringen, wurde aber schnell von seinen heftigen Emotionen in die Schranken gewiesen. Gesprächsversuche waren jedes Mal höchst anstrengend und gespickt von gegenseitigen Vorwürfen. Ich merkte zunehmend, dass es mich unglücklich machte, dass ich mich unfrei fühlte, weil er über viele meiner Freiheiten bestimmte, die ich als Grundrechte ansah. So zum Beispiel, wie viel Zuwendung ich ihm geben möchte (um sich sicher zu fühlen, forderte er viel ein). Auch war es schwierig, Zeit für mich alleine zu beanspruchen, und es war quasi »verboten«, das Thema anzusprechen. Das und einiges mehr hatte sich eingeschlichen. Drei Jahre lang dachte ich, ich gebe ihm Zeit, weil ich ihn liebe, und dass dies das Richtige wäre. Erst dann wurde mir klar, dass das ein Trugschluss war. Wenn ich nicht für meine Grenzen einstehe, warum sollte er etwas ändern? Wenn ich nicht dafür einstehe, zu sein, wie ich bin, sondern selbst zulasse, einen mir so wichtigen Teil zu verdrängen, bin ich dann nicht meine eigene Gefangene? Ich fing an, meine Grenzen sehr klar und deutlich zu formulieren. Ich habe ihn zu nichts gezwungen, ihm die Wahl gelassen, aber auch deutlich gemacht, dass ich nicht (mehr) bereit bin, auf gewisse Dinge zu verzichten.

Eine erstaunliche Entwicklung setzte ein: Zuerst war er geschockt von meinem neuen Verhalten und versuchte, mit emotionalem Druck eine Kehrtwende herbeizuführen. Als klar wurde, dass ich mich davon nicht beeindrucken lassen würde, setzte er sich mit der Frage auseinander, ob er sich lieber von mir trennt oder ob er bereit ist, mit mir zu leben, und zwar inklusive der mir wichtigen Wesenszüge. Schließlich hatte er die Entscheidung getroffen: *für uns* und innerhalb kürzester Zeit gelang ihm, was drei Jahre nicht denkbar gewesen war: Er setzte sich mit seinen Ängsten auseinander und fand heraus, dass die Öffnung der Beziehung für ihn ebenfalls ein lebenswertes Konzept darstellte.

ZUSAMMENFASSUNG:

- Finden Sie heraus, was Ihre inneren Grenzen sind.
- Stehen Sie für Ihre Grenzen konsequent ein.
- Seien Sie achtsam und freundlich in der Kommunikation Ihrer Grenzen.
- Lernen Sie die Grenzen Ihrer Mitmenschen kennen und achten Sie diese.
- Entlarven Sie Ihre Fallstricke: Warum lasse ich mich dazu hinreißen, meine Grenzen zu missachten? Arbeiten Sie daran, bewusst nicht mehr in die Falle zu tappen.
- Machen Sie sich Ihre Prinzipien, Prioritäten und Ziele klar und verfolgen Sie diese.
- Stehen Sie für Ihre Entscheidungen und Überzeugungen ehrlich und konsequent ein – schaffen Sie so Klarheit für sich und andere.
- Entwickeln Sie eine Ethik, an der Sie sich orientieren können.

HILFREICHES:

Seien Sie mutig! Manchmal zieht es auch unliebsame Konsequenzen nach sich, wenn man seine Grenzen wahrt. Aber wenn Sie aus Angst davor zulassen, dass Ihre Grenzen dauerhaft massiv überschritten werden, dann werden Sie nicht zu Ihrem Leben finden. Ihr Partner sollte Sie so lieben können, wie Sie sind.

8. DIE LIEBE

»*Liebe ist nicht das, was man erwartet zu bekommen,*
sondern das, was man bereit ist zu geben.«

Katharine Hepburn

Pierre-Auguste Cot, 1873

UNSER BILD DER LIEBE

Kommen wir nun zu etwas sehr Schönem: zur Liebe. Vielleicht waren Sie schon sehr intensiv verliebt, vielleicht gehören Sie aber auch zu den Menschen, die sagen »ich bin zu realistisch für die Liebe, ich weiß gar nicht, was da immer für ein Brimborium gemacht wird«. Oder Sie haben Angst vor der Liebe und der Verletzlichkeit, die mit der Öffnung für einen anderen Menschen einhergeht – vielleicht, weil Sie schon verletzt wurden. Wie auch immer Sie die Liebe bisher erlebt haben, eines tragen wir fast alle in uns: das romantische Bild der Liebe.

Unsere Geschichte und unsere Kultur pflegen das romantische Rollenbild seit Jahrhunderten. Wir haben die Liebe auf einen goldenen Sockel gehoben und erwarten Wunderdinge von ihr; hier liegt schon einer unserer großen Irrtümer über die Liebe: Wir erwarten etwas. Sicher, wer frisch verliebt ist, der spürt tatsächlich Wundersames – die Kraft der Hormone. Dieser Zustand kann, neben vielem anderem, durchaus eine Tür zur Liebe darstellen.

Trennen wir zunächst einmal: Frisch Verliebte erleben einen genetisch bedingten und aus Arterhaltungsgründen sinnvollen Zustand, wie wir ihn bestenfalls noch durch die Einnahme von Drogen oder durch extreme Aktivitäten (wie Himalaya-Besteigungen) herbeiführen könnten. Verantwortlich für diesen Zustand sind körpereigene Botenstoffe, und die berühmte »rosarote Brille« ist gleichfalls ein sehr ausgefuchster Mechanismus der Natur, uns davon zu überzeugen, dass dieser Mensch unser

Deckel ist. Der perfekt passende Deckel auf den Topf. Endlich ist er/sie da: der Mann/die Frau unserer Träume, nach dem/der wir immer gesucht haben. Diesen körpereigenen (Ausnahme-)Zustand haben wir mit Unterstützung der modernen Unterhaltungsindustrie zu »Liebe« erklärt. Und wir glauben das wirklich. Sehr fest und ohne es zu hinterfragen. Wir wollen das glauben, wen wundert es, es ist ja auch ein Zustand, in dem man am liebsten sein Leben lang bleiben möchte und nach dem man sich nach mehreren Jahren oder gar Jahrzehnten Beziehung oder Nicht-Beziehung heftig sehnt.

Die Romantiker haben sich künstlich in diesem Zustand gehalten, indem sie Damen auserwählten, die sie niemals erreichen konnten und nur aus der Ferne anschmachteten, um ja nur nicht auf den Boden der Tatsachen zurückzufallen. Märchen oder auch (Hollywood-)Liebesfilme enden exakt an dem Punkt, an dem die Liebenden sich gefunden haben, endlich glücklich vereint sind – und vermitteln, dass es fortan so weitergeht. Und sie lebten glücklich und zufrieden bis an ihr Lebensende ...

Unsere Rollenbilder und Klischees unterstützen also diesen (unrealistischen) Wunsch noch – auch wenn uns allen natürlich klar ist, dass Filme nicht die Realität sind und das gesellschaftliche Bild von der Liebe stark romantisiert ist. Frisch Verliebte haben es da einfach: Sie sehen nur die positiven Dinge am Gegenüber, und alles erscheint leicht, selbstverständlich und symbiotisch. Sie stellen – ohne es zu merken – gerne ihre Bedürfnisse hintenan, genau genommen haben sie ja den Eindruck, dass ihre Bedürfnisse sich zu 100 % mit denen des Gegenübers decken. Alles ist perfekt. Bis der Tag kommt, an dem der Hormonspiegel langsam zu sinken beginnt und der Rausch nachlässt. Denn leider ist dieser Zustand eben ein begrenzter Ausnahmezustand, der einem wichtigen Zweck dient: der Arterhaltung. Wer würde sich sonst freiwillig auf die Mammutaufgabe einer Familiengründung einlassen? Wer möchte freiwillig über Jahre hinweg gebunden sein und eine so große Verpflichtung und Verantwortung eingehen, die das Individuum im Grunde am Ausleben der eigenen Wünsche hindert oder dieses zumindest stark einschränkt?

Was passiert, wenn eine Gesellschaft diesen besonderen Zustand zu Liebe erklärt? Wir jagen einem Phantom hinterher. Wir wollen einen Partner, der uns dieses Gefühl ständig bietet, auch wenn das natürlich unmöglich ist. Wir wünschen uns jemanden, der unsere Wünsche erfüllt, bevor wir sie auch nur ausgesprochen haben, ja bevor wir uns ihrer selbst bewusst sind! Wir wollen zurück in einen Zustand, den wir aus der Kindheit kennen: Jemand sorgt allumfassend für uns. Aber wir sind keine Kinder mehr, die die (Lebens-)Verantwortung den Eltern überlassen können. Was passiert, wenn zwei erwachsene Menschen mit derartigen Ansprüchen eine Beziehung führen wollen, lässt sich leider nur allzu häufig beobachten.

SELBSTLOSE LIEBE

Wir alle haben die Chance, aus dem rein hormonellen Zustand Liebe wachsen zu lassen. Fangen wir also noch einmal neu an mit der Liebe. Entdecken wir, welche Kraft in der Liebe steckt. Auch hier gilt, dass es keine allgemeingültige Aussage geben kann. Ich schildere im Folgenden meine ganz persönliche Vorstellung von der Liebe. Wenn ich zu meinem Partner »ich liebe dich« sage, dann sind daran keine Erwartungen geknüpft. Es ist keine Antwort nötig, und auch sonst kein »Gegenwert«. Es ist ein Geschenk, und ich selbst erfreue mich an der reinen Tatsache, dass es ihn in meinem Leben gibt und ich durch ihn Liebe spüren darf.

Natürlich freue ich mich, wenn auch er mir seine Liebe schenkt; diese möchte ich dann ebenfalls nicht mit einer Erwartungshaltung verbunden wissen. Oftmals »erpressen« wir unseren Partner mit unserer Liebe. Wir erwarten etwas zurück. Und wenn es mal eine Phase in der Beziehung gibt, die nicht von reinem Liebesglück geprägt ist, dann kommen schnell Ängste auf. Liebt er/sie mich noch? Ist noch alles in Ordnung mit unserer Beziehung? Ist er/sie wirklich der richtige Partner für mich? Aus dieser Angst heraus stellen wir dann schnell einmal alle möglichen und umöglichen Forderungen an unsere Partner, damit das lästige Gefühl möglichst schnell wieder verschwindet.

Dass es auch ganz normal sein kann, dass ich bei meinem Partner nicht immer im Mittelpunkt stehe, nicht immer das pure, intensive Liebesglück zu spüren ist oder ich eben auch mal etwas investieren muss, damit sich etwas ändert, scheint uns selten in den Sinn zu kommen.

Liebe erwartet aber nichts, sie darf einfach sein und angenommen werden, denn Liebe ist kein (Tausch-)Geschäft, sondern etwas Selbstloses. Verkommt sie zur »Währung« in einer Beziehung, dann kann keine Liebe stattfinden. Wir drehen uns nur noch um eine – meist sehr egoistisch angelegte – Bedürfniserfüllung, die schnell hohl und schal wird. Dann fangen wir wieder an, uns nach der Liebe zu sehnen.

Wir haben genaue Vorstellungen (u. a. Rollenbilder, aus denen Erwartungshaltungen entstehen), wie der andere zu sein hat – wiederum meist, ohne diese zu kommunizieren, und wenn doch, dann als nörgelndes Mantra. Wir folgen diesen Wunschbildern teils unbewusst und erwarten andererseits, dass unser Partner unsere Wünsche »von unseren Augen abliest« (nach dem Motto: wenn ich ihm/ihr meine Wünsche sagen muss, ist es keine ja keine »echte« Liebe mehr). Wie nun im Sinne der Liebe besser mit Wünschen und Bedürfnissen in einer Partnerschaft umgehen?

DIE MUSTER WAHRNEHMEN

Damit wir überhaupt eine Partnerschaft in Liebe führen können, ist der erste Schritt, sich die eigenen Wünsche und inneren Vorgänge bewusst zu machen. Nach dem Absatz zur Angst mögen Sie jetzt stöhnen und sich denken: nicht schon wieder! Aber wenn Sie Ihre Wünsche und Bedürfnisse nicht kennen, wie können Sie dann erwarten, dass Ihr Partner diese kennt und womöglich noch erfüllt?

Blicken Sie also wieder einmal schonungslos in sich hinein und finden Sie heraus, was Ihnen wichtig ist, fernab der gängigen Rollenbilder. Wo Sie im Leben gerade stehen und wo Sie hinmöchten, welche Charaktereigenschaften und Talente Sie womöglich nicht ausleben (weil Sie es, warum auch immer, nicht wagen – warum eigentlich nicht?) und wo Sie negative Handlungsmuster pflegen. Wo Sie Ihre inneren Grenzen nicht beachten und sich so zu nicht authentischem Verhalten hinreißen lassen, das Sie auf lange Sicht unglücklich macht.

Entlarven Sie diese Vorgänge, gehen Sie bewusst in Kontakt mit Ihrem Selbst, auch wenn es manchmal wehtut, was man dabei alles entdeckt. Ihr Partner muss sich ja auch sehr konkret mit allen Ihren Seiten auseinandersetzen, wird von diesen in seinem Leben womöglich sogar beeinträchtigt. Da ist es nur fair, wenn Sie bei sich selbst ehrlich nachforschen und im weiteren Verlauf auch ehrlich kommunizieren.

Schauen Sie sich ungeschminkt Ihre Schwächen an – und wo diese für Ihren Partner eine Einschränkung darstellen. Aber auch Ihre Stärken, auf die Sie stolz sein können, von denen Ihr Partner profitiert. Ermitteln Sie zudem, wie Sie Ihren Partner sehen: Wo sehen Sie seine Stärken und wo seine negativen Handlungsmuster? Wo übergehen Sie vielleicht seine Grenzen? Wo stimmen Sie beide aus Ihrer Sicht überein, wo gibt es Unterschiede? Und letztlich: Welche Dynamik entsteht dadurch in Ihrer gemeinsamen Beziehung? Es gibt in einer Partnerschaft nicht *einen* verantwortlichen Verursacher, es ist immer ein Zusammenspiel zweier Akteure (und wenn es nur das Zulassen einer unguten Situation bei einem der beiden ist).

Durchdenken Sie vergangene Streitsituationen: Wer hat wann wie reagiert und aus welcher Motivation heraus? Welche automatisierten Handlungsmuster, Ängste, Vorurteile und Rollenbilder verbergen sich dahinter? Verabschieden Sie sich von dem Gedanken, Ihr Partner handle in böser Absicht. Sollte er das tatsächlich tun, wäre ich persönlich schnellstens über alle Berge. Wenn er also nicht in böser Absicht handelt, sondern zum Beispiel, weil er gekränkt ist, sich angegriffen fühlt oder sich nicht anders zu helfen weiß, warum gehen wir in Streitsituationen häufig dennoch davon aus?

Ich formuliere es sehr hart: Wir alle handeln aus unseren eigenen, tief sitzenden Verletzungen heraus, wir spüren den Schmerz, es tut weh, und wir suchen jemanden, dem wir die Schuld geben können. Das aber ist keine Denk- und Vorgehensweise, die Sie oder gar Ihre Partnerschaft weiterbringen wird!

Statt sich gegenseitig die Schuld zuzuweisen und recht behalten zu wollen, verwenden Sie Ihre Zeit und Energie lieber darauf, sich bewusst zu machen, was Sie in einer Partnerschaft erwarten und ob das realistisch ist. Was wäre, wenn Ihr Partner Ihre eigenen Erwartungen an Sie stellt? Würden Sie diese erfüllen können, womöglich noch, ohne dass Ihr Partner Ihnen diese vorher mitgeteilt hat?

Prüfen Sie auch, welche Ihrer Vorstellungen aus Rollenbildern oder Angst gespeist werden und nicht aus Ihren eigenen, individuellen Bedürfnissen. Denken Sie über Ihre persönliche »perfekte Beziehungsstruktur« nach und ermitteln Sie kritisch, wie hoch der Anspruch dabei an Sie selbst und an Ihren Partner ist. Vermeiden Sie es, dabei in Erwartungshaltungen abzurutschen, denn diese sind Gift für jede Beziehung. Klären Sie für sich, ob alle Ansprüche fair sind und ob Sie auch selbst diese Ansprüche umgekehrt erfüllen können und wollen. Gehen Sie dabei immer von dem Grundsatz aus, dass nicht Ihr Partner dafür verantwortlich ist, dass Sie glücklich sind, sondern nur Sie selbst für Ihre Zufriedenheit Sorge tragen können.

Sie allein sind der Gestalter Ihres Lebens, und Sie allein haben die Macht, Ihr Leben zu einem glücklicheren Sein zu verändern. Beherzigen Sie, dass Sie erst dann eine glückliche Beziehung leben können, wenn Sie selbst bereits glücklich *sind*. Dies gilt in Beziehungen natürlich für beide Beteiligten.

LIEBE LÄSST FREI UND IST IM VERTRAUEN

Wenn Sie Ihren Partner mit Erwartungen und Ihren Bedürfnissen überschütten, hat dies wenig mit Liebe, wie ich sie verstehe, zu tun. Liebe stellt keine Verbote auf und zensiert nicht.

Wenn Sie lieben, dann lieben Sie Ihren Partner, wie er ist. Schließlich haben Sie sich doch in diese Person verliebt, weil sie ist, wie sie ist. Das heißt nicht, dass Sie alles hinnehmen oder gut finden müssen. Jeder Mensch hat gute und schlechte Seiten, jeder Mensch kann verletzen und ungerecht handeln. Gehen Sie dann in Kommunikation und teilen Sie Ihre Wünsche und Grenzen vorurteilsfrei, ehrlich und achtsam mit.

Wie oben bereits ausgeführt, ist es wichtig, dass Sie authentisch bleiben und Ihr eigenes Lebensglück immer im Auge behalten. Dazu gehört auch, dass Sie Ihre Grenzen nicht »aus Liebe« überschreiten. Es ist letztlich immer eine Gratwanderung zwischen den eigenen Bedürfnissen und den inneren Grenzen, die man aus dem Selbstwert und den Grenzen des Partners entwickelt. Hierbei als Paar im Gleichgewicht zu bleiben, ist eine hohe Kunst! Schauen Sie immer mal wieder hin und überprüfen Sie den Stand der Waagschalen.

Damit Sie in Ihrem Paarleben Liebe manifestieren können, ist es notwendig, dass Sie voller Vertrauen in die Beziehung gehen können. Dass Sie ohne Angst Sie selbst sein können, in dem Wissen, von Ihrem Partner in Ihrer Ganzheit akzeptiert zu werden. Dass Sie sich also nicht ständig selbst zensieren müssen.

Hat Ihr Partner mehrfach Ihr Vertrauen verletzt oder können Sie sich in manchen Wesensaspekten Ihrem Partner gegenüber nicht zeigen, fällt es schwer, nicht aus Angst zu handeln. Angst aber verhindert die Liebe. Dann sollten Sie genau prüfen, ob Ihr Partner Ihrer Liebe auch wert ist. Erforschen Sie in solch einem Fall die Hintergründe und gehen Sie in Kommunikation. Lässt sich das Vertrauen nicht wieder herstellen, kann keine Liebe gelebt werden. Sie können dann überlegen, ob Sie die Partnerschaft so weiterführen wollen, Sie die Beziehung vielleicht in eine Zweckgemeinschaft umwandeln möchten (wenn diese Ebene des Zusammenlebens gut funktioniert, warum nicht?) oder ob eine (rechtzeitige) Trennung für alle doch der bessere Weg ist.

Überlegen Sie auch, wo Sie selbst Ihren Partner zensieren oder (auch unausgesprochene) Verbote aufstellen. Wissen Sie, ob Ihre Vorstellung von Beziehung und Partnerschaft sich wirklich mit der Ihres Partners deckt? Haben Sie vielleicht über einige Wünsche einfach nie gesprochen, sei es aus Angst, Scham oder aus Gewohnheit? Oder einfach in der Annahme, dass es sowieso selbstverständlich ist (weil alle es so machen oder weil Sie es immer schon so gemacht haben)?

BEDÜRFNISERFÜLLUNG

Seien Sie ehrlich zu sich selbst und zu Ihrem Partner. Suchen Sie das Gespräch und trauen Sie sich, *alle,* wirklich *alle* Bedürfnisse mitzuteilen. In einer liebevollen Beziehung darf erst einmal alles sein.

Wie Sie dann Ihre Beziehung tatsächlich leben, welche Bedürfnisse in welcher Form zusammen oder unabhängig voneinander ausgelebt werden – das können Sie dann gemeinsam festlegen. Finden Sie im achtsamen, wertschätzenden und verständnisvollen Gespräch eine verbindende Lösung, mit der beide Seiten glücklich sind (keinen Kompromiss, denn bei diesem verlieren beide Seiten).

Bisweilen ist dies nicht einfach und erfordert von einem oder beiden viel Geduld und Langmut. Auch das ist Liebe: einmal zurücktreten zu können, Verständnis zu haben, zu verzichten und Zeit zu geben.

Aber missbrauchen Sie diesen Liebesbeweis Ihres Partners nicht: Arbeiten Sie an den für Ihren Partner wichtigen Themen weiter, entwickeln Sie sich hin zu einem Optimum an partnerschaftlicher Bedürfniserfüllung, bei der beide Ihren individuellen Weg und Selbstwert bewahren können. Ich empfehle Ihnen in so einem Fall, dass Sie sich einen konkreten Termin ausmachen, zu dem sie den aktuellen Stand des Themas erneut besprechen.

Schauen Sie Ihre Ängste zu diesem Thema an und lassen Sie sich nicht dauerhaft von Ihnen beherrschen. Schließlich lieben Sie Ihren Partner und wollen doch, dass er glücklich ist? Lassen Sie ihn sein, wie er ist, denn nur wenn beide glücklich und zufrieden mit Ihrem Leben sind, können Sie gemeinsam eine glückliche Partnerschaft leben. Wenn etwas davon mit Ihren Ansichten und Bedürfnissen kollidiert – und erfahrungsgemäß gibt es da so einiges – dann blicken Sie hin und gehen Sie konstruktiv damit um. Verlangen Sie nicht von Ihrem Partner, dass er sich für Sie ändert. Erklären Sie Ihr(e) Bedürfnis(se) und wie wichtig Ihnen diese(r) Aspekt(e) für Ihr persönliches Glück ist. Erläutern Sie, warum es für Sie so essenziell ist. Interessieren Sie sich dafür, was an Ihrem Bedürfnis Ihren Partner vielleicht ängstigt und wie man dies so gestalten kann, dass es für beide passt. Bedenken Sie auch, dass es nicht darum geht, dass jedes Bedürfnis zu 100 % befriedigt wird (das wäre kindliche Bedürfniserfüllung). Überlegen Sie genau, welche Bedürfnisse *wirklich* von großer Bedeutung für Sie sind, insbesondere bei denjenigen, die mit den Bedürfnissen Ihres Partners nicht übereinstimmen.

Diese Herangehensweise ist aufwendig und mühsam. Wir dürfen aber nicht zulassen, dass wir uns selbst nicht spüren, mechanisch einem (Abzieh-)Bild folgen und unserem Partner mit der ungebührlichen Forderung »sorge dafür, dass es mir gut geht« begegnen. Wenn beide Seiten die Beziehung mit dieser bewussten, achtsamen und wertschätzenden Vorgehensweise leben, können ungeahnt kraftvolle Verbindungen entstehen.

ZUSAMMENFASSUNG:

- Liebe erwartet nichts, Liebe lässt frei und Liebe ist selbstlos.
- Liebe ist nicht zwingend gleich romantische Liebe: Es gibt viele Formen von Liebe.
- Der Zustand frisch Verliebter ist ein Ausnahmezustand. Erwarten Sie dies nicht dauerhaft von Ihrer Liebesbeziehung. Lassen Sie Wandel zu und gehen Sie den Weg gemeinsam und bewusst.
- Jagen Sie keinem Phantom hinterher: Erwarten Sie von Ihrem Partner nicht, dass er Sie glücklich macht – sorgen Sie selbst dafür!
- Erpressen Sie Ihren Partner nicht: Erwarten Sie keine Gegenleistung für Ihre Liebe (Liebe ist kein Tauschgeschäft).
- Benennen Sie achtsam und ohne Vorwürfe Ihre Wünsche, Vorstellungen und Bedürfnisse. Erwarten Sie nicht, dass Ihr Partner sie errät.
- Bleiben Sie authentisch und ehrlich sich selbst und Ihrem Partner gegenüber.
- Verteilen Sie keine Schuld. Sehen Sie genau hin, wer wie viel Verantwortung an einer Situation trägt, und seien Sie nachsichtig mit sich und Ihrem Partner.
- Achten Sie Ihre inneren Grenzen.
- Unterwerfen Sie sich keiner Zensur und setzen Sie sich für ein authentisches »Sein-Dürfen« ein. Gestehen Sie dies auch Ihrem Partner zu.
- Finden Sie eine verbindende Lösung, bei der beide gewinnen, und gleichen Sie Ihren gemeinsamen

Weg regelmäßig ab.

- Ruhen Sie sich nicht auf unbefriedigenden Kompromissen aus.
- Gehen Sie regelmäßig aktiv in Beziehung.
- Ziehen Sie nötige Konsequenzen, lassen Sie sich nicht aus Angst vor weitreichenden Entscheidungen oder notwendigem Handeln davon abhalten.

HILFREICHES:

Rutschen Sie nach mehreren Jahren der Beziehung nicht in ein mechanisches Alltagsmiteinander ab, in dem selbst die Zuwendungen nur noch leere Floskeln sind. Machen Sie sich die Mühe, immer wieder zu überlegen, womit Sie Ihrem Partner eine kleine Freude bereiten können. Zu Beginn einer neuen Liebesbeziehung tun wir dies regelmäßig, später nur noch selten oder gar nicht mehr. Überraschen Sie Ihren Partner mit neuen Ideen, es muss gar nichts Großes sein. Einfach etwas, womit Ihr Partner in dem Moment nicht rechnet und das ihm ein Lächeln ins Gesicht zaubert. Sich gegenseitig Wertschätzung zu zeigen, den anderen wahrzunehmen und in Liebe an ihn zu denken hält die Beziehung dauerhaft auf einer liebevollen Ebene.

9. BEZIEHUNGSMODELLE

*»Um an die Quelle zu kommen, muss man gegen den
Strom schwimmen.«*

Chinesisches Sprichwort

Attributed to George W. Twibill Jr., 1833

DIE SCHATTENSEITEN DER MONOGAMIE

Kommen wir nun zu einem weiteren Aspekt, der unsere Beziehungen maßgeblich mitbestimmt: das Beziehungsmodell der Monogamie. Aktuell ist es gesellschaftlich (noch) alleinig anerkannt und sitzt scheinbar unumstößlich fest im Thron.

Die Monogamie gibt vor, dass nur zwei Menschen sich lieben und auch erotisch wie sexuell austauschen. Die Monogamie in ihrer heutigen Form entstand erst vor etwa 200 Jahren, zu einer Zeit, in der die Menschen im Durchschnitt 30–40 Jahre alt wurden und Ehen im Schnitt 7–9 Jahre dauerten. Dann starb meist ein Partner, der Verbliebene heiratete neu, denn alleine war das Leben kaum zu bewältigen. Adelige lebten sowieso durch alle Zeiten nur eine Scheinmonogamie, und es war kein Geheimnis, dass sie Dirnen und Geliebte hatten. Auch das »niedere Volk« hielt sich – wenn auch im Verborgenen – selten an die strengen Sittenvorgaben.

Fatal ist, dass im Lauf der Zeit irgendwann das Dogma »nur zwei Menschen dürfen/können sich lieben« in den Köpfen der Menschen verankert wurde. Dieser Umstand und die Tatsache, dass wir das Modell in der Regel unhinterfragt übernehmen, führen heute zu großen Problemen in Beziehungen. Dabei gibt es in der Geschichte unzählige Beispiele für ganz andere Beziehungsmuster, die erfolgreich gelebt wurden. Wir sind in der westlichen Gesellschaft durch gut zwei Jahrhunderte hindurch allerdings so auf die Monogamie geprägt worden, dass wir es für falsch, krank, unmöglich und/oder verwerflich erachten, wenn eine Beziehung nicht der Monogamie folgt.

Sieht man genau hin, ist diese Denkweise unglaublich (selbst-)einschränkend. Und weil sich heute niemand mehr einschränken will, sind zwei Phänomene zu beobachten: zum einen die serielle Monogamie, in der ein Partner in meist kurzen Abständen auf den nächsten folgt, und zum anderen eine hohe Rate an Fremdgehern.

Ein großer Teil der Bevölkerung wird dennoch voller Überzeugung sagen, dass die Monogamie die einzig wahre und vorstellbare Beziehungsform darstellt. Aber warum ist das so? Und warum denken ganz viele nicht einmal über Alternativen nach? Warum fällt es uns so schwer, uns etwas anderes vorzustellen? An dieser Stelle ist es mir wichtig anzumerken, dass die Monogamie sehr wohl eine sinnvolle und funktionierende Beziehungsform sein kann. Entscheidend ist nicht die Beziehungsform, sondern die bewusste Wahl des Modells.

Hier ein kurzer Überblick über mögliche Beziehungsmodelle ohne Anspruch auf Vollständigkeit:

Monogamie:
Zwei Personen entscheiden sich dafür, nur den jeweils anderen zu lieben und auch Erotik und Sex nur untereinander stattfinden zu lassen.
In den letzten Jahren hat sich die serielle Monogamie etabliert: In mehr oder weniger kurzer Abfolge werden nacheinander mehrere monogame Beziehungen geführt.

Offene Beziehung:

Im Kern wie die Monogamie, allerdings ist es erlaubt, auch mit anderen Personen Intimität und/oder Sex auszuleben. Allerdings werden keine Liebesbeziehungen mit dritten Personen gepflegt. Es gibt viele Varianten, wie damit umgegangen wird: von »du kannst alles machen, aber sag es mir nicht« über genaue Absprachen, was stattfinden darf und was nicht, bis hin zu einem regen und offen gelebtem Sexleben, wobei sich die Beteiligten auch persönlich kennen, und/oder dem regelmäßigen gemeinsamen Besuch von Swingerclubs. Theoretisch findet hier »nur« auf körperlicher Ebene eine Öffnung statt – wie auch immer die Protagonisten das so scharf trennen können. Die offene Beziehung von der Polyamorie abzugrenzen ist nicht einfach und immer wieder Gegenstand heftigster Diskussionen der jeweiligen Anhänger der Beziehungsmodelle, gerade weil unter beiden Begrifflichkeiten sehr vielfältige und individuelle Beziehungsformen zusammengefasst werden.

Polyamorie:

Von »Polyamorie« spricht man, wenn mehrere Personen einander lieben. Nicht jeder liebt jeden, aber die meisten lieben mehrere und manche auch jeden. Hier ist also neben körperlicher Freiheit auch die emotionale Freiheit in verschiedenen Graden inkludiert. Hierarchieebenen (Hauptpartner, Nebenpartner) sind genauso möglich wie mehrere Beziehungen nebeneinander ohne hierarchische Abstufung. Gesetzlich dürfen dabei aktuell freilich immer nur zwei Personen verheiratet sein. Die Vielfalt innerhalb des Konzeptes ist enorm, und der Begriff umfasst unzählige Beziehungsmodelle, was es auch unter »Polys« nötig macht, zuerst einmal zu klären, welche Ethik bzw. welches Beziehungsbild im Detail tatsächlich gemeint ist.

Polygamie:
»Polygamie« ist ein Oberbegriff für verschiedene Formen der Vielehe und in Deutschland somit verboten. Viele verwenden den Begriff synonym zu Polyamorie.

Beziehungsanarchie:
Sehr individuelles Liebes- und Partnerschaftsbild, das sich im offenen Zustand befindet und wandelbar ist. Hier finden sich auch alle, die sich nicht einer der obigen Gruppen zuordnen lassen wollen oder können.

EIFERSUCHT

Warum fällt es uns so schwer, außerhalb der Monogamie zu denken? Nun, zum einen, weil wir keine Vorbilder haben, zum anderen, weil alle anderen Beziehungsmodelle uns verunsichern und unsere Alleinstellung bedrohen. Wir empfinden es als nicht angenehm, wenn wir den Menschen, den wir lieben, mit einer oder mehreren anderen Personen teilen müssen.

Das ist im Grunde natürlich erst einmal nachvollziehbar, bleibt aber ein sehr egoistischer Ansatz. Hier lohnt sich ein tiefergehender Blick, denn mit Liebe hat das wenig zu tun. Viele Menschen verspüren bei dem Gedanken, ihren Partner »teilen« zu müssen, Eifersucht.

Die Eifersucht ist dabei genau genommen kein Gefühl für sich, sondern eine Mischung aus vielen Gefühlen, die aus der Angst (da haben wir sie wieder) gespeist werden. »Wenn dein Mann eifersüchtig reagiert, dann sei doch froh, das zeigt doch, wie sehr er dich liebt.« Manche Menschen interpretieren Eifersucht tatsächlich als Zeichen der Liebe. Da sie aber aus der Angst gespeist wird und die Angst das Gegenteil der Liebe ist, ist diese Annahme schlichtweg nicht korrekt. Und seien Sie mal ehrlich: Wer den Stachel der Eifersucht schon einmal selbst gespürt hat, wird dieses Gefühl doch nicht ernsthaft mit Liebe in Verbindung bringen wollen?

Bei Eifersucht fühlen wir eine Mischung aus …
… Wut
… Verletzung/Kränkung/Schmach
… Geringschätzung/Herabsetzung
… Traurigkeit
… Abhängigkeit/Ausgeliefertsein
… Ungerechtigkeit
… dem Gefühl, nicht verstanden und geliebt zu werden
… Minderwertigkeitsgefühlen
… Hilflosigkeit/Ohnmacht
… Angst

Wir haben Angst, dass …
… wir zu kurz kommen/uns etwas entgeht/wir etwas verpassen
… der andere Mensch »besser« (im Alltag wie in der Erotik) sein könnte als wir
… der Partner uns deshalb für den/die andere/n verlässt
… wir nicht gut genug sind

Klar, dass man sich von diesem Gefühlsmix, der im Inneren brennt wie Feuer, am liebsten fernhält und die Verantwortung dafür lieber im Außen sucht statt bei sich selbst.

In der Monogamie ist es einfach und klar geregelt: Ist der Partner untreu, kann ich mit Fug und Recht auf ihn zeigen, ihm Vorwürfe machen, ihn beschuldigen und die immer gleiche Frage stellen: »Warum hast du mir das angetan?« Gleichzeitig weisen wir jegliche Verantwortung von uns. Wir machen es uns da allerdings zu leicht. Mein Rat: Wagen Sie sich an diese Gefühle heran und blicken Sie genau hin. Verordnen Sie sich die Monogamie nicht weiter als Beruhigungspille, sondern setzen Sie sich mit Ihrer Eifersucht auseinander. Die meisten leben die Monogamie nicht bewusst, weil sie sich für diesen Weg entschieden haben. Sie leben sie, weil sie gewohnt und bequem ist. Leider mit fatalen Folgen.

Dass nicht alle Menschen mit der Monogamie glücklich sind, zeigt sich allein schon daran, wie viele fremdgehen. Natürlich sind die Gründe für das Fremdgehen vielfältig, aber es ist nicht von der Hand zu weisen, dass es nicht für jeden die Erfüllung bedeutet, ein Leben lang nur einen Sexualpartner zu haben.

Das Fremdgehen aber ist tatsächlich ein Zerstörer der Liebe. Denn es untergräbt das für die Liebe (über)lebensnotwendige Vertrauen.

Warum können wir in so einem Fall nicht auf unseren Lebenspartner zugehen und sagen: »Hör mal, Schatz, ich find's total geil mit dir im Bett, und ich hätte trotzdem gerne mal Abwechslung«? Der Partner könnte dann zum Beispiel antworten: »Wie schön, dass du mir das offenbarst, das zeigt, dass du mir vertraust. Lass uns überlegen, wie wir das handhaben wollen, denn ich habe da schon (noch) ein paar Ängste bei dem Gedanken.«

Für die meisten Beziehungen wäre es schon undenkbar, dass auch nur der Wunsch geäußert wird. Allein die Tatsache, dass der Partner jemand anderen spannend findet und Zeit alleine mit der Person verbringen will, ist mehr, als manch einer zulassen kann und will. Die dritte Person wird als Bedrohung wahrgenommen. Es gibt Beziehungen mit ausschließlich gemeinsamen Freunden, da es einer der beiden nicht erträgt – oder keiner von beiden es erträgt –, wenn der Partner alleine mit einem Freund unterwegs ist. Die Zeit, in der der Partner unterwegs ist, gestaltet sich quälend, weil man sich das Schlimmste ausmalt. Wenn die Eifersucht in einer Beziehung bereits dieses Ausmaß angenommen hat, sollte man sich nicht scheuen, Hilfe von außen zu holen.

Die Liebe ist eine unendlich sprudelnde Quelle, sie wird nicht weniger, wenn man sie teilt. Ganz im Gegenteil vermehrt sie sich sogar, wenn sie geteilt wird. Einzig unsere Kapazitäten an Zeit limitieren uns. Haben Sie keine Angst, die Liebe freizulassen und zu teilen!

Manch einer wird nun sagen: Wenn ich keine Eifersucht mehr spüre, dann ist mir das alles ja gleichgültig, das kann doch keine Liebe sein? Dann verwechseln Sie vielleicht das in einer Beziehung sehr wünschenswerte Gefühl von »du bist mir wichtig, mir ist nicht alles egal« mit Eifersucht. Aus meiner Sicht gibt es da einen wesentlichen Unterschied, denn keine Eifersucht zu spüren ist nicht gleichzusetzen mit Gleichgültigkeit. Sogar ganz im Gegenteil: Wer seine Eifersucht anschaut, bearbeitet und irgendwann vielleicht sogar nahezu auflöst, der handelt in Liebe, da er bestrebt ist, seinem Partner ein Leben zuzugestehen, das ihn glücklich macht.

Auch gibt es kaum einen Menschen, der nicht in manchen Situationen dennoch hin und wieder zumindest ein leichtes Gefühl der Eifersucht spürt (auch wenn beide achtsam sind). Das ist nicht schlimm, entscheidend ist, wie wir damit umgehen. Sie erinnern sich: Gefühl *und* Verstand kombinieren und die Gefühle reflektiert ausdrücken. Wir können uns von der Eifersucht verleiten lassen, in negative Muster zu verfallen (zum Beispiel, indem wir Vorwürfe machen und Schuld zuweisen), oder wir erkennen das Gefühl als das, was es ist – und folgern daraus, dass wir selbst hier unsere Ängste anschauen sollten. Vertrauen Sie sich Ihrem Partner an und finden Sie gemeinsam Wege zur Bearbeitung und zum Umgang in der Partnerschaft, bis die Eifersucht sich aufgelöst hat.

Angst (die ja hinter der Eifersucht steckt) kann manchmal aber auch berechtigt sein, es lohnt sich also, genauer hinzusehen und die Ursachen für sich zu ermitteln. Dann können wir unserem Partner trotz des Anflugs von Eifersucht einen Weg öffnen. Zum Beispiel: »Mir ist zwar noch etwas unwohl, wenn du heute Abend alleine mit XY ausgehst, ich denke, da habe ich noch Verlustängste, aber ich kann damit umgehen. Es würde mir helfen, wenn du mir hin und wieder eine Nachricht schreibst.« Oder aber wir kommen zu dem Schluss, dass die Angst berechtigt ist, und kommunizieren auch dies achtsam: »Ich habe den Eindruck, dass du dich in letzter Zeit immer mehr von unseren »Wir« entfernst, ich möchte gerne mit dir darüber reden. Es wäre mir heute gar nicht so recht, wenn du ausgehst.« Wohlgemerkt gehe ich hier von einer Beziehung aus, die schon einen gewissen reifen Umgang erreicht hat. Wenn die Beziehung noch auf einer Ebene abläuft, auf der sich die Partner zum Beispiel bewusst gegenseitig eifersüchtig machen, dann gibt es erst einmal ganz andere Themen zu bearbeiten.

(M)EINE ALTERNATIVE BETRACHTUNGSWEISE

Aus meiner Sicht geht es darum, sich nicht hinter der Monogamie zu verstecken, sondern sich mit seinen tiefsten Ängsten auseinanderzusetzen. Der Partner hat es verdient zu erfahren, an welcher Stelle ich noch nicht in der Lage bin, ins Vertrauen zu gehen. Oder warum ich es nicht hinnehmen kann, wenn mein Partner den Wunsch verspürt, mit einer anderen Person intim zu werden. Sind da Ängste, die man noch auflösen und bearbeiten kann? Sind da alte Verletzungen oder Glaubenssätze? Was hindert mich, diese loszulassen? Warum muss mein Partner sein Leben einschränken, wenn er doch anders glücklicher wäre?

Wie es bei mir aktuell ist: Lernt mein Partner eine Frau kennen, mit der er intim werden möchte, so reagiere ich interessiert und offen. Interessiert bin ich nicht, weil ich mich vergleichen möchte oder aus einem Kontrollbedürfnis heraus, sondern weil ich teilhaben möchte. Ich bin gespannt auf diese Person, die meinem Mann gefällt, und auf das, was sie an Bereicherung für sein und vielleicht unser Leben bringen kann. Auch wenn es mir – aufgrund meiner Persönlichkeit – schwerfällt, so akzeptiere ich es natürlich auch, wenn er nicht immer so viel teilen möchte, wie ich es gerne hätte.

Eifersucht ist für mich dabei kein großes Thema. Natürlich muss ich mich auch immer wieder einmal mit diesen Gefühlen auseinandersetzen, aber ich kann die Emotionen inzwischen ganz gut für mich aufarbeiten und projiziere sie nicht auf andere. Auch weil ich weiß, dass ich meinem Partner bedingungslos vertrauen kann (andernfalls wäre die Beziehung für mich nicht an einem gesunden Punkt). Da ich mich darauf verlassen kann, dass mein Partner auf meine Bedürfnisse und unsere Beziehung Rücksicht nimmt, habe ich nichts zu befürchten. Wenn er doch einmal etwas tut, das mich verletzt, gehe ich erst einmal davon aus, dass dies unbeabsichtigt passiert ist. Wir sind keine Maschinen, und es empfiehlt sich, nachsichtig zu sein und verzeihen zu können – schließlich könnte es beim nächsten Mal auch umgekehrt sein, und ich verletze meinen Partner unbeabsichtigt. Ich teile mich also mit und erkläre, wieso ich verletzt bin durch diese oder jene Aktion, sodass mein Partner dies in ähnlichen Situationen in Zukunft berücksichtigen kann.

Ich gehöre außerdem glücklicherweise zu den Menschen, die Mitfreude erleben dürfen. Es ist wunderbar, den geliebten Partner glücklich zu sehen, auch wenn das Glück von einer anderen Person ausgelöst wird. Warum auch nicht?

Vielleicht fragen Sie sich, welche Beziehungsform mein Mann und ich leben. Ich tue mich schwer, es einzuordnen. Ich mag keine Schubladen, und bei dem Begriff »Polyamorie« ist die Bandbreite riesig groß und somit die Gefahr gegeben, dass nicht das beim Empfänger ankommt, was der Sender meint. Am besten lässt sich unsere Beziehung als vertrauensvoller Prozess mit einem starken Commitment beschreiben. Flexibilität, gute Kommunikation und das Bewusstsein, dass wir und die Beziehung uns in ständigem Wandel befinden (dürfen), sind uns dabei ebenso wichtig wie tiefe Verbundenheit und Ehrlichkeit. Dass sich Gefühle und eine langfristige Bindung in allen unseren Beziehungen entfalten dürfen, ist dabei beiderseits erwünscht. Kurzfristige »Abenteuer« suchen wir beide nicht.

DIE GUTEN SEITEN DER MONOGAMIE

Die Entscheidung für eine monogame Beziehung kann – wie für jede andere Beziehungsform auch – zu einer glücklichen Beziehung führen. Die Stärke der Monogamie liegt neben dem großen Teamgeist und Wir-Gefühl, das Einzug halten kann und viel Sicherheit und Geborgenheit vermittelt, vor allem auch in ihrem vergleichsweise geringen Aufwand.

Wobei »geringer Aufwand« hier relativ zu sehen ist. Es ist an sich schon aufwendig, eine Beziehung mit einem Partner zu leben, es ist aber nicht nur doppelt aufwendig, eine Beziehung mit zwei Partnern zu führen, sondern um ein Vielfaches aufwendiger, da man im Dreieck kommunizieren muss. Sie können sich ausmalen, was passiert, wenn vier oder mehr Personen intensiv einbezogen sind. Liebe ist unendlich, aber die Zeit ist ein Kuchen, den wir aufteilen müssen. Wir haben einfach nicht unbegrenzt Zeit zur Verfügung und entscheiden täglich, mit wem oder was wir unsere Zeit verbringen wollen. Ein Großteil geht ja schon für den Lebenserhalt flöten: Arbeiten, Kinder, Kochen, Waschen, Putzen, Einkaufen und so weiter. Bei einer Beziehung mit fünf Personen wird es zwangsläufig zu einer weniger intensiven Begegnung mit einem oder mehreren der Beteiligten kommen, da schlicht die Zeit nicht ausreicht.

Oft schon ist es schwer, seinen Alltagsverpflichtungen, der Familie sowie dem sozialen Leben gerecht zu werden. Hinzu kommt die Partnerschaft, die Aufmerksamkeit braucht, und hin und wieder möchte man ja auch noch Zeit für sich selbst übrig haben. Viele haben – gerade in unserer fordernden, schnelllebigen Zeit – das Gefühl, damit bereits überfordert zu sein. Jede weitere Person bringt in dieses fragile System ein Mehr an Zeitaufwand hinein. Es ist also völlig plausibel, sich für die Monogamie zu entscheiden, weil man sich sonst schlicht überfordert fühlt, alles »unter einen Hut zu bekommen« und/oder, weil man mit diesem einen Partner eine sehr enge und zeitlich intensive Partnerschaft leben möchte.

Davon abgesehen bietet die Monogamie, wie bereits oben erwähnt, einen sehr geschützten Rahmen. Es ist vielleicht ein weniger erlebnisreiches, weniger aufregendes Leben, als es die anderen Beziehungsmodelle vielleicht ermöglichen, aber das kann ja auch genau das sein, was man sucht und was einen glücklich macht. Die Monogamie bietet – sofern beide Partner glücklich und bewusst in einer monogamen Beziehung leben können – große Sicherheit, Ruhe und Stärke.

Ich kann der These, die Monogamie hätte »ausgedient«, ganz und gar nicht zustimmen, aus meiner Sicht ist diese Beziehungsform weiterhin für viele sehr stimmig – allerdings sollte sich im Innen und Außen generell etwas am Blick darauf ändern, und wir müssen uns der Fallen der Monogamie bewusst sein: Die Sicherheit, die sie uns vermittelt, kann auch in ein Sich-nicht-mehr-anstrengen-Müssen umschlagen. Wir müssen uns ja nicht mehr bemühen, es ist ja alles »in trockenen Tüchern«. Auch passiert es in diesem (vermeintlich) sicheren Rahmen leichter, die eigenen Wünsche und Bedürfnisse zu überhören, sich nicht mit ihnen auseinanderzusetzen und sie zu ignorieren – bis es plötzlich zu spät ist.

Achtet man auf diese Aspekte, kann eine monogam geführte Partnerschaft auch über Jahrzehnte hinweg erfüllend sein. Als nicht erfolgversprechend sehe ich die Abwandlung der Monogamie in die serielle Monogamie. Da blitzen mir das Hollywood-Rollenbild und andere unerfüllte Sehnsüchte und Ansprüche zu sehr durch. Dass sich diese Form der Monogamie entwickelt hat und schon mehrheitlich gelebt wird, ist aus meiner Sicht ein Zeichen, dass wir unser aktuelles Partnerschaftsbild des »Austauschprinzen« oder der »Austauschprinzessin« dringend überdenken sollten.

Bevor Sie nun also sagen »für uns kommt nur die Monogamie infrage«, denken Sie bitte daran, dass wir aufgrund unserer Prägung sehr leicht nur diese eine Beziehungsform für »richtig« halten. Versichern Sie sich, ob Sie wirklich alles bisher Genannte für sich durchdacht haben, und auch, ob Ihr Partner das genauso sieht oder ob Sie nur davon ausgehen.

ALLES ANDERE

Ganz abgesehen vom zeitlichen Aufwand bedarf es einer großen inneren Reife und einer ausgesprochen guten Kommunikationsfähigkeit aller Beteiligten, wenn man mehr als zwei Personen in die Beziehung einbezieht. Da nichtmonogame Beziehungsformen sehr aufwendig und anspruchsvoll sind, muss es demnach einen sehr überzeugenden Grund geben, warum man eine davon für sich wählt.

Indes sind nicht nur die Problemstellungen sehr komplex – es besteht auch ein großes Potenzial für die schönen Dinge des Lebens. Jede Person bringt ihren ganz individuellen Charakter mit ein, was sehr bereichernd für alle sein kann.

Ein weiterer großer Vorteil ist, dass man in einer offen oder polyamor geführten Beziehung nicht umhinkommt, sich sowohl mit den eigenen als auch mit den Bedürfnissen und Vorstellungen der Partner auseinanderzusetzen. Verführt die Monogamie schnell dazu, nicht mehr genau hinzusehen, fliegt einem bei der Polyamorie sozusagen jeder Versuch der Verdrängung recht zügig um die Ohren. Die polyamore oder offene Beziehung zwingt uns also dazu, uns ernsthaft mit dem Partnerschaftsbild und unseren Mustern zu beschäftigen. Ich persönlich sehe hier ein großes Lernpotenzial.

Viele Menschen gehen gerne in Kommunikation und fühlen sich erst dann am Puls des Lebens, wenn sie eine »bunte Vielfalt« um sich herum spüren. Dies kann ein sehr schönes Gefühl der Zusammengehörigkeit und Gemeinschaft erzeugen, das große Kraft besitzt. Manch einer möchte vielleicht aber nur hin und wieder einmal Sex außerhalb der Partnerschaft. Dann besteht der Aufwand »lediglich« darin, dies mit dem Partner abzustimmen und eine Regelung zu finden, die für beide stimmig ist. Dazwischen gibt es so ziemlich alle Möglichkeiten, die sich der Mensch ausdenken kann.

Stellen Sie sich zum Beispiel einmal vor, Ihr Partner entdeckt nach Jahren der Partnerschaft seine Bi-Seite oder er möchte BDSM betreiben, was Sie sich aber gar nicht vorstellen können. Denken Sie nicht, das sei abwegig; wenn man erst einmal beginnt, sich seine Bedürfnisse anzusehen und diese mitzuteilen, kommen ungeahnte Dinge an die Oberfläche. Seien Sie also auf einiges Bereichernde gefasst

;-). Muss Ihr Partner nun darauf verzichten? Muss er sich wirklich von Ihnen trennen, wenn er diese Seite ausleben möchte? Warum sollte man dies verlangen wollen, wenn doch sonst alles passt?

Ich würde eine Gesellschaft begrüßen, die alternativen Partnerschaftsmodellen offener gegenübersteht. Aus meiner Beobachtung heraus befinden wir uns hier gerade am Anfang eines Wandlungsprozesses. Es besteht also die berechtigte Hoffnung, dass wir uns vom jahrhundertelangen Schwarz-Weiß-Denken in Sachen Beziehungsform endlich verabschieden können und nach der sexuellen Revolution die Revolution der Liebe vollziehen können.

Schon heute ist es zum Glück nicht mehr notwendig, dass wir unsere Liebe zu Dritten verheimlichen – auch wenn viele aus Bequemlichkeit diesen Weg vorziehen. Wer weiß, vielleicht ist es in Zukunft genau so „normal", dass man mehrere Menschen liebt, wie es heute normal ist, dass sich zwei Frauen oder zwei Männer lieben.

ZUSAMMENFASSUNG:

- Befreien Sie sich von dem Dogma der Monogamie (also der Vorstellung, nur zwei Menschen dürften/ könnten sich lieben).
- Denken Sie frei und neugierig über alternative Beziehungsmodelle nach.
- Wenn wir die Monogamie bewusst als Beziehungs- form wählen, ist sie genauso gut oder herausfor- dernd wie jedes andere Beziehungsmodell auch.
- Arbeiten Sie an Ihrer Eifersucht: Blicken Sie auf Ihre Ängste und lösen Sie diese auf.
- Keine Eifersucht zu spüren ist nicht gleichzuset- zen mit Gleichgültigkeit, wenn die Eifersucht im Sinne der Liebe aufgearbeitet wurde. Ganz von ihr befreit sind in diesem Sinne wohl die wenigsten, setzen Sie sich daher nicht unter Druck.
- Gestehen Sie Ihrem Partner zu, sein Leben so zu gestalten, dass er glücklich sein kann. Wenn es ihm gut geht, profitieren Sie davon auch.
- Lassen Sie in der Wahl Ihres Beziehungsmodells auch Veränderungen zu: Finden Sie – je nach Lebensphase – den für Ihre Beziehung aktuell pas- senden und sinnvollen Weg.
- Statt fremdzugehen reden Sie mit Ihrem Partner besser rechtzeitig und offen über Ihre Bedürfnisse. Finden Sie verbindende Lösungen.
- Unterstützen Sie die Revolution der Liebe!

HILFREICHES:

Zum Nachdenken: Treue macht sich nicht an sexueller Treue fest.

Wir verwenden die Begriffe »Liebe« und »Beziehung« ausschließlich gekoppelt: Liebe scheint uns automatisch immer auch mit einer Liebesbeziehung einherzugehen. Aber es gibt genauso auch Liebe, die ohne Beziehung bzw. Beziehungswunsch besteht. Diese Liebe kann ebenfalls hitzig und feurig und intensiv sein. Wie sie dann ausgelebt wird, ist so individuell wie die beteiligten Personen. Umgekehrt gibt durchaus Beziehungen (solche, in denen man den Alltag teilt und zusammen Familie, Haus, Finanzen etc. hat) ohne Liebe.

Wenn Sie vorhaben, Ihre Beziehung für weitere Beziehungen zu öffnen oder sich gerade am Anfang dieses Prozesses befinden, dann empfehle ich Ihnen, sich zuvor intensiv mit der Thematik auseinanderzusetzen, denn hierzu gib es sehr viel mehr zu berücksichtigen, als hier angesprochen wird. Gehen Sie eine solche Öffnung mit Geduld und Augenmaß an!

10. KOMMUNIKATION

*»Durch Kommunikation können Ansichten
zu Einsichten werden.«*

Ernst Reinhardt

Enoch Wood Perry, 1872

HERAUSFORDERUNG KOMMUNIKATION

Wenn Sie und Ihr Partner die eigenen Muster und Bedürfnisse erforscht haben und bewusst mit ihnen umgehen, dann haben Sie gute Voraussetzungen für eine glückliche Partnerschaft in Liebe.

Die Herausforderung, die auf die Selbstfindung folgt, besteht darin, dem jeweils anderen die eigene Vorstellung von einer gelungenen Partnerschaft und einem erfüllten Leben zu vermitteln und einen gemeinsamen Weg zu finden.

Das hört sich erst einmal recht leicht an, ist aber eine große und lange Reise, die nie endet. Der Schlüssel liegt in der Kommunikation.

Hierbei gibt es gleich mehrere Hürden zu überwinden: Zum einen muss jeder der Beteiligten in der Lage sein, seine Ideen, Bedürfnisse und Vorstellungen in Worte zu fassen. Es ist gar nicht so einfach, etwas, das man innerlich für sich erkannt hat, auch entsprechend zu verbalisieren. Viele Erkenntnisse kommen eher als Gefühle und Ahnungen daher und sträuben sich wie ein glitschiger Fisch, wenn man versucht, die passenden Worte dafür zu finden. Zum Glück macht hier die Übung den Meister, und je regelmäßiger Sie mit Ihrem Partner über Ihre inneren Vorgänge, über Ihre Gefühle und Ängste vertrauensvoll reden, desto leichter werden Sie sich tun. Auch werden Sie feststellen, dass Sie und Ihr Partner mit der Zeit eine »eigene« Sprache oder Ausdrucksweise für gewisse Vorgänge und Prozesse entwickeln werden.

Zum anderen gilt es zu berücksichtigen, dass Kommunikation auf vielfältige Weise und auf verschiedenen Ebenen stattfindet, verbal wie nonverbal (zum Beispiel durch Gestik/Mimik). Unsere Botschaften drücken wir also nicht nur durch Worte aus, sondern senden immer auch weitere Signale, die unser Gegenüber unterbewusst interpretiert. So können wir bisweilen zum Beispiel herausfinden, dass wir angelogen werden, nur anhand der Mimik und der Gestik des Gegenübers. Sogar der Geruch spielt in der Kommunikation eine Rolle, er wird unbewusst vom Empfänger mitbewertet, ebenso wie körperliche Reaktionen (zum Beispiel Schwitzen beim Lügen). Dieser »Kommunikations-Code« unterscheidet sich je nach Kultur und Herkunftsland. Wir können Menschen unseres eigenen Kulturkreises besser interpretieren als die fremder Kulturen, denn manche Geste bedeutet in einem anderen Kulturkreis genau das Gegenteil. Aber selbst, wenn wir mit jemandem aus »unserem Clan« kommunizieren: Es bleibt immer ein Teil der Botschaft auf der Strecke (Sender-Empfänger-Problematik). Wir sollten uns deshalb insbesondere bei kritischen Themen rückversichern, ob der andere auch wirklich das aussagen wollte, was wir verstanden haben.

AKTIVIERUNGEN

Verkomplizierend kommt hinzu, dass wir häufig aus Verletzungen heraus handeln bzw. besser gesagt »reagieren«, die mit dem aktuellen Thema gar nichts oder nur wenig zu tun haben. Wir werden »getriggert« und reagieren unangemessen heftig. Dann regiert das reine Gefühl, in dem Fall das negative, und der Verstand ist ausgeschaltet. Alte Wunden werden aufgerissen und schmerzen, manchmal so sehr, dass wir wie in blindem Schmerz um uns schlagen. Dummerweise nehmen wir dies meist nicht bewusst wahr und sind nicht in der Lage, es von der aktuellen Situation zu trennen.

Mein Mann und ich sprechen in so einem Fall von einer »Aktivierung«. Befindet man sich in einer solchen – und das geht bisweilen in Bruchteilen von Sekunden – kann das Gegenüber nur abwarten, bis der Sturm sich legt. Jedes Wort zum Gegenstand der Diskussion ist dann vergebens, denn es wird vom Aktivierten garantiert so interpretiert, dass es in sein Verletzungsmuster passt. Wir nehmen in solch einer Situation erst einmal ein paar Minuten räumlich Abstand voneinander. Mittlerweile kennen wir unsere Verhaltensmuster in Aktivierungen wechselseitig schon sehr gut und können rechtzeitig »die Notbremse« ziehen, statt uns selbst auch noch in eine Aktivierung zu begeben.

Denn leider passiert das sehr häufig: Ist einer von beiden aktiviert, schleudert er dem anderen alles mögliche Verletzende unfair und unreflektiert an den Kopf. Was beim anderen dann ebenfalls die Knöpfe drückt … und schwups sind beide in einer Aktivierung und wechseln nichts als Vorwürfe.

Damit es dazu nicht kommt, ist es notwendig, dass der Nicht-Aktivierte ruhig und gelassen bleibt und zunächst einmal aus der Diskussion aussteigt. Meist genügen bei uns 10 Minuten, die jeder für sich allein hat, bevor wir das Thema anschließend noch einmal gemeinsam reflektieren und achtsam durchsprechen können – wobei auch das hinter der Aktivierung liegende Muster thematisiert wird.

Bewerten Sie es aber nicht über und seien Sie nicht zu streng mit sich und Ihrem Partner, wenn es doch immer mal wieder passiert. Selbst nach Jahren des bewussten Umgangs miteinander lassen sich Exzesse dieser Art nicht immer vermeiden. Auch mein Mann und ich fallen uns nach einer überstandenen Aktivierung häufig etwas kleinlaut und erschöpft in die Arme. Und unter uns: Manchmal tut es auch einfach gut, sich Luft zu machen. Wir gehören beide eher zu der Sorte Mensch, die auch schon einmal recht heftig emotional streitet.

Wichtig ist, dass Sie einen Weg finden, wie Sie als Paar die Aktivierung schnell durchschauen, wieder zueinander finden und sich die Verletzungen, die in der Aktivierung ausgesprochen wurden, nicht zu Herzen nehmen und ewig vorwerfen. Finden Sie Mittel und Wege, wie Sie zügig wieder zu einer konstruktiven Diskussion zurückkehren können.

RECHT BEHALTEN WOLLEN UND DABEI SCHULD VERTEILEN

Gehen Sie Ihre Kommunikation in den letzten Auseinandersetzungen einmal gedanklich auf diese Aspekte hin durch: Wo haben Sie nicht verstanden, warum Ihr Partner so extrem negativ oder heftig reagiert hat? Wo haben Sie sich missverstanden gefühlt?

Nur allzu leicht vergessen wir in der Hitze des Gefechts die Achtsamkeit und Wertschätzung, fragen bei Aussagen, die wir als verletzend empfinden, nicht nach und gehen automatisch vom Schlimmsten aus. Mit der Folge, dass wir uns gegenseitig hochschaukeln und dass manches lange oder nie geklärt wird und dauerhaft zwischen uns steht. Machen Sie jedoch nicht den Fehler, vergangene Diskussionen immer wieder neu zu eröffnen. Klären Sie ab sofort lieber die Gegenwart. Ganz unmittelbar.

Wenn Sie nicht verzeihen können, werden Sie immer wieder versuchen, Situationen, die Sie als Paar vor Jahren erlebt haben, aufzuwärmen und sich die Äußerungen von damals im nächsten Streit erneut an den Kopf zu werfen. Dann aber drehen Sie sich nur im Kreis. Dann geht es nur darum, recht zu behalten. Das bringt Sie nicht weiter. Bemühen Sie sich stattdessen um Verständnis und einen Lösungsweg, den Sie beide gut beschreiten können.

Verschwenden Sie Ihre Energie nicht damit, auf Teufel komm raus Ihre Ehre zu verteidigen und sich damit über den Partner zu stellen (»ich hab recht, du bist im Unrecht« oder »du bist schuld, nicht ich«). Ganz besonders gilt dies, wenn Sie eine Situation schon mehrfach durchdiskutiert haben und zu keiner Lösung gekommen sind. Einigen Sie sich dann auf die versöhnliche Feststellung »hier haben wir wohl unterschiedliche Wahrnehmungen und Ansichten«

und blicken Sie nach vorne. Es gibt genug aktuelle Themen. Wenn Sie es bei diesen schaffen, Ihre Muster achtsam, wertschätzend, reflektiert und bewusst aufzuarbeiten, dann werden Sie auch vieles aus der Vergangenheit besser nachvollziehen oder gar in der Tiefe verstehen können.

MISSVERSTÄNDNISSE

In der richtigen Kommunikation liegt also ein riesiges Potenzial, das wir häufig verschenken. Ein Großteil der Streitereien beruht auf Missverständnissen. Lassen Sie dies nicht zu und fragen Sie (auch wenn das viel Kraft kostet) in Ruhe nach, ob Ihr Partner das wirklich so gemeint hat, wie Sie es verstanden haben.

Hören Sie ihm aufmerksam zu, geben Sie ihm Zeit und Raum auszusprechen und nehmen Sie ernst, was Ihr Partner sagt. Glauben Sie ihm, was er sagt, denn nur allzu leichtfertig glaubt man lieber seiner eigenen Version: »Du hast das aber gerade so und so gesagt, und das kann man nur so und so verstehen!« Machen Sie sich das oben skizzierte Sender-Empfänger-Problem bewusst.

Seien auch Sie im Gegenzug *ehrlich*, formulieren Sie ruhig und in achtsamer Weise. Sprechen Sie Ihre innere Wahrheit aus, auch wenn diese für Sie unbequem oder ungünstig ist, auch wenn Sie zugeben müssen, einen Fehler gemacht zu haben. Das ist schwer, aber es ist aufrichtig und für die Beziehung viel besser als das sture Beharren auf einer Unwahrheit aus Selbstschutz.

Sie werden sogar feststellen, dass es häufig überraschte Gesichter geben wird und sich vieles in Wohlgefallen auflöst. Studien konnten belegen, dass konstruktives Streiten gesünder ist. So ist zum Beispiel die Wundheilung in produktiven Diskussionen gegenüber aggressiven Auseinandersetzungen nachweislich signifikant erhöht. Werden Sie und Ihr Partner Kommunikationsprofis und lassen Sie sich nicht dazu hinreißen, alles mit gleicher Münze heimzuzahlen. Die Devise »Auge um Auge und Zahn um Zahn« hat noch keinen Streit sinnvoll gelöst.

KONFLIKTE

Gehen wir noch einmal im Speziellen auf Konflikte in der Partnerschaft ein. Ein Konflikt ist erst einmal unangenehm. Er macht uns schlechte Laune und geht mit negativen Empfindungen einher. Häufig fühlen wir uns in Konflikten und Streitereien wütend.

Wut ist eine sehr intensive und kraftvolle Emotion, die uns sagen will: Verändere etwas! Und genau dafür ist die Wut nützlich, denn durch sie können wir wahrnehmen, dass etwas anders laufen muss, damit wir uns wohlfühlen. Gleichzeitig gibt sie uns die nötige Energie, eine Veränderung zu vollziehen.

Wir können diese Emotion also von der für uns nützlichen Seite betrachten und ihre Energie sinnvoll für uns nutzen, anstatt uns ihr ausgeliefert zu fühlen. Max Frisch hat es so formuliert: »Krise kann ein produktiver Zustand sein.

Man muss ihr nur den Beigeschmack der Katastrophe nehmen.« Jede Krise birgt auch eine Chance in sich. Die Chance zur Veränderung und/oder eines Neubeginns.

Unser aller Leben befindet sich in einem Zyklus: Wir erleben einen Wechsel von positiven Zuständen, an denen wir nichts verändern wollen, und herausfordernden Zeiten, in denen wir Signale zur Veränderung erhalten. Haben wir also keine Angst vor diesen »Wut-Zeiten«! Erkennen wir diese als Chance für uns, in unserem Leben die Stellhebel zu verändern, sodass wir wieder zu einem positiven Zustand finden.

Betrachten Sie sich nicht mehr als Opfer der Umstände und werden Sie mit der Zeit ein Profi darin, die Feineinstellungen rechtzeitig vorzunehmen, dann werden die Ausschläge nach unten ihren Schrecken verlieren. Zwar sind diese immer noch anstrengend, aber das Wissen über den Gesamtzusammenhang und die Möglichkeit, das Geschehen aktiv zu steuern, helfen ungemein.

Nutzen Sie diese Erkenntnisse auch mit Blick auf die Konflikte in Ihrer Partnerschaft, dann gewinnen Sie eine übergeordnete Perspektive, was Ihre Reibereien betrifft. Weniger das Streitthema an sich steht so im Mittelpunkt, vielmehr kommt der übergeordnete Prozess in den Fokus. Treten Sie also einen Schritt zurück und betrachten Sie das Gesamtbild!

ZUSAMMENFASSUNG:

- Üben Sie eine achtsame, wertschätzende und ehrliche Kommunikation mit Ihrem Partner.
- Beachten Sie Kommunikationsfallen wie das Sender-Empfänger-Problem.
- Formulieren Sie ruhig, bewusst und in achtsamer Weise, vermeiden Sie Vorwürfe und sprechen Sie von Ihren Wahrnehmungen (Ich-Botschaften).
- Lernen Sie zu erkennen, wodurch Sie selbst und Ihr Partner jeweils aktiviert werden.
- Finden Sie Ihren Weg, wie Sie als Paar aus der Aktivierung wieder aussteigen können. Was ermöglicht es Ihnen, sich wieder auf gute Weise zu begegnen?
- Nehmen Sie die Dinge, die in Aktivierungen gesagt werden, nicht allzu ernst, vieles davon kann man getrost einfach vergessen.
- Es geht nicht darum, recht zu behalten oder einen Schuldigen zu benennen.
- Diskutieren Sie nicht immer wieder teils jahrzehnte-alte Verletzungen durch. Verzeihen Sie, blicken Sie nach vorne und kümmern Sie sich um die Themen im Hier und Jetzt.
- Wut kann uns helfen, etwas (zum Positiven) zu verändern. Nutzen Sie Ihre Wut sinnvoll!
- Denken Sie daran, dass jede Krise eine Chance birgt.

HILFREICHES:

Es lohnt sich, sich einmal mit den Techniken der gewaltfreien Kommunikation (GFK nach Marshall B. Rosenberg oder auch andere Konzepte) auseinanderzusetzen.

Zum Nachdenken: Ohne Tief kann es auch kein Hoch geben –, was das Leben dann doch recht langweilig machen würde!

11. GLÜCKLICH SEIN

»Wenn du glücklich sein möchtest – lebe!«

Leo Tolstoi

Mexico, 7.–8. Jahrhundert

GLÜCK IST HAUSGEMACHT

In den vorangegangenen Abschnitten war schon viel vom Glücklichsein die Rede. Ich möchte dem Glück dennoch einen eigenen Abschnitt widmen, auch wenn sich dadurch vielleicht einiges wiederholt.

Was jeder Einzelne von uns als glückliches und zufriedenes Leben wahrnimmt, ist sehr unterschiedlich. Dass jeder sich zunächst einmal selbst um sein »Glücklichsein« kümmern muss, habe ich ja bereits erläutert. Beschließen nun zwei (oder mehr) glückliche Menschen, ihr Leben für eine Weile oder gar für immer in inniger Verbundenheit miteinander zu verbringen, stoßen unweigerlich unterschiedliche Vorstellungen von »Glücklichsein« aufeinander.

Nur im Ausnahmezustand des Hormonrausches erscheint es uns so, als wäre das Glück des anderen ganz sicher auch unser eigenes Glück. Leider ist dem garantiert nicht so; wie in den Kapiteln 4 und 8 über Rollenbilder und die Liebe dargelegt handelt es sich dabei um eine Illusion.

Denn Hollywood lügt: Glücklich werden wir nicht durch unseren Partner und schon gar nicht ohne unser Zutun. Und auch der Konsum lügt: Glücklich werden wir nicht durch immer neue Güter, die wir uns zur Bedürfnisbefriedigung anschaffen.

So, wie jeder Fingerabdruck einzigartig ist, so ist jeder Mensch in seinem Wesen einzigartig. Und damit auch seine Definition davon, was ihn glücklich macht.

Vielleicht werden Sie jetzt sagen: Natürlich können zwei Menschen in ihrer Vorstellung von Glück nicht zu 100 % übereinstimmen, aber es genügt ja, wenn 70 oder 80 % passen. Sie haben recht: Im Grunde ist das die Basis für eine Beziehung und es genügt durchaus – als Basis.

Eins ist aber auch sicher: Mit weniger Übereinstimmung wird es schwer, gemeinsam ein glückliches Leben zu führen, da die Vorstellungen dann einfach in zu vielem voneinander abweichen. Doch der Teufel steckt im Detail, und die 20 bis 30 %, die nicht übereinstimmen, können Ihre Partnerschaft zur Hölle machen. Denn wenn sich einer (oder gar beide) auf die 20 % Nicht-Glück in der Beziehung fokussiert, nützen Ihnen 80 % Übereinstimmung nicht mehr viel.

Erschwerend kommt hinzu, dass einem nach Jahren des Verzichts genau diese 20 % wie 80 % erscheinen mögen. Und noch etwas gilt es zu berücksichtigen: Bei jedem von uns verändert sich im Laufe der Zeit die Wahrnehmung davon, was uns glücklich macht. Wir formen uns täglich neu, und meist ganz unbemerkt schleichen sich neue Wünsche und Bedürfnisse in unser System, die wir vorher gar nicht hatten, die aber auf einmal ganz massiv an die Oberfläche drängen können.

Was bedeutet das alles für unsere Partnerschaft?

1. Wir dürfen uns nicht auf unseren 80 % Glücksübereinstimmung ausruhen.
2. Wir tun gut daran, wenn wir uns nicht dauerhaft auf ein bestimmtes Programm für eine glückliche Partnerschaft »einschießen«.

NICHT AUF DEM GLÜCK AUSRUHEN

Fangen wir mit 1. an: Genießen Sie die Momente in Ihrer Partnerschaft, in denen das Glück von ganz alleine kommt. Das ist ein wunderbares Geschenk. Vergessen Sie darüber aber nicht, ganz bewusst auch auf die Bereiche zu blicken, wo sich Ihre Vorstellung von Glück von der Ihres Partners unterscheidet.

Um ein profanes, aber nicht unwesentliches Beispiel zu nennen: Mein Mann ist in einer Stadt groß geworden und liebt es, in selbiger zu bummeln. Ich bin im Dorf aufgewachsen, und meine Sehnsucht nach Stadtbummelei kann ich übers Jahr gesehen an den Fingern abzählen. Ich bin keine Dorfpflanze, gehe gerne aus, in Konzerte, zum Tanzen, mit Freunden zum Essen und Trinken, auf Veranstaltungen usw. Aber ein Stadtbummel, womöglich noch sonntags, wenn alle Läden geschlossen haben, reizt mich höchst selten (das erscheint mir in der Regel einfach zu langweilig für den Aufwand). Nun leben wir auf dem Land, und mein Mann fühlt sich nicht glücklich, wenn er nicht regelmäßig in die Stadt kommt. Zu Beginn unserer Ehe hat uns dieser Umstand einige Diskussionen beschert. Jeder wollte seine Version von Glücklichsein beim anderen durchsetzen.

Bis wir das endlich einmal ernsthaft betrachtet und durchdacht haben. Dann konnten wir eine verbindende Lösung finden: Er geht nun öfter mal ohne mich mit den Kindern bummeln und überrascht mich hin und wieder mit etwas Leckerem vom Markt; ab und an gehe ich mit und erfreue mich dann an der Stadt, vor allen Dingen aber an seiner Freude. Und manchmal geht er mit Freunden oder Freundinnen oder eben ganz alleine. Die Zeit, die er dafür verwendet, erhalte ich im Gegenzug für meine mir wichtigen Bedürfnisse zugestanden, sodass keiner »zu kurz kommt«.

Wird nicht gemeinsam aktiv nach einer Lösung für die Unterschiede gesucht, liegt hier mit zunehmender Dauer der Beziehung ein großes Konfliktpotenzial: Entweder einer ist glücklich und der andere steckt zurück, oder beide sind unglücklich, weil beide verzichten oder beide sich mit ihrem Weg durchsetzen wollen. Selbst so kleine Dinge wie in meinem Beispiel können über die Jahre einen großen Effekt haben. Und das alles läuft – wieder einmal – unterbewusst ab.

Mit der Zeit kann sich da ganz schön viel Unerfülltes ansammeln, das dann recht plötzlich wie ein Sektkorken aus der Flasche knallen kann. Als Partner hat man es schwer, mit den auf einmal drängenden Wünschen umzugehen – insbesondere, wenn die eigene Glücksidee konträr ist.

Kümmern Sie sich bereits im Vorfeld darum, indem Sie sich solche Vorgänge in Ihrer Partnerschaft anschauen. Man muss manchmal ein wenig überlegen und beobachten, bevor man entdeckt, wo die Vorstellungen auseinandergehen. Auch das ist eine Form der Achtsamkeit und Wertschätzung in Beziehungen: Beobachten und darüber nachdenken, um dann achtsam zu kommunizieren.

Beginnen Sie zum Start einfach mit Ihren wiederkehrenden Streitthemen und arbeiten Sie sich von der konkreten Situation zur dahinterliegenden Thematik durch. Mit der Zeit werden Sie erfahrener und sehen leicht die zugrunde liegenden Muster. Arbeiten Sie dann gemeinsam an einer Lösung, die beiden Seiten Rechnung trägt und treffen Sie verbindliche Abmachungen. Viele (oftmals nervige) Streitereien werden sich so auflösen – oder Sie gelangen zumindest zu mehr Verständnis füreinander und können nachsichtiger sein.

GLÜCK IM WANDEL

Haben Sie also in Ihrer Partnerschaft viel hingeschaut, geredet und aufgelöst, dann könnte man meinen: »Juhu, geschafft! Nun kann das glückliche Paarleben beginnen!« Ja und nein, denn jetzt folgt Punkt 2: Unsere Vorstellung von Glück ist in ständigem Wandel begriffen, und demnach ist es auch unsere Partnerschaft. Sie werden also immer wieder neue Themen »geliefert« bekommen – quasi frei Haus – und somit Ihre Partnerschaft immer wieder neu gestalten. Anstrengend, aufwendig, unerhört? Mag sein, aber auch und vor allen Dingen: lebendig, spannend, positiv herausfordernd, voller Potenzial, frei, kraftvoll, glücklich und selbstbestimmt.

ZUM GLÜCK ZWINGEN

Ich gebe es zu: Ich habe versucht, meinen Exmann »zum Glück zu zwingen«. Meist kommt dies in Beziehungen vor, bei denen ein Partner dominanter ist und/oder mehr Selbstwert besitzt als der andere. Das ist oft auch derjenige, der sich in Diskussionen besser durchsetzen kann und vermeintlich »recht« behält.

Auch wenn man es ganz sicher nur gut meint: Man kann niemanden zum Glück zwingen, das geht einfach nicht. Ich hatte damals eine Vision von Partnerschaft, die ich natürlich gerne leben wollte. Mit viel Enthusiasmus und Kreativität habe ich – ohne dass es mir bewusst war – versucht, meinen damaligen Mann von diesem Leben zu »überzeugen«.

Ich war der Ansicht, dass ich wüsste, wie wir glücklich sein können, und er es nur einmal erfahren müsste, wie toll es ist, um es dann für sich selbst zu wollen. Zu Beginn schienen meine Bemühungen auch zu fruchten: Mein Exmann folgte meinen »Vorgaben zum Glücklichsein«. Es war viel »Beziehungsarbeit« für uns beide gewesen, und bisweilen nervte ich mich ehrlich gesagt schon selbst mit meinen immer gleichen, mantraartigen Wiederholungen ihm gegenüber.

Aber es gab Erfolge, die Mühe schien sich auszuzahlen. Bis dann irgendwann bei meinem Exmann schleichend eine Depression aufkam und alles aus den Fugen geriet: der Lebensantrieb, die Jobsituation und auch unser Paarleben. Ein Teufelskreislauf entstand. Plötzlich stand ich vor einem Scherbenhaufen und verstand die Welt nicht mehr, denn ich dachte, er hätte es schon verstanden gehabt, wie das geht mit dem glücklichen Leben. Was war geschehen?

Auch wenn mein Verhalten natürlich nicht alleine für die Depression und auch nicht für unsere nach wenigen Jahren folgende Trennung verantwortlich zu machen ist, so hatte ich doch einen entscheidenden Fehler gemacht: Ich hatte angenommen, das Glücksrezept für sein und mein Leben zu besitzen, und nahm mir heraus, vorzugeben, wie unser Leben ablaufen sollte.

Ich tat dies nicht in böser Absicht, ja nicht einmal mit Bewusstsein – fatale Folgen hatte es dennoch. Es kann nicht sein, dass in der Beziehung nur einer den Weg vorgibt. Auch wenn es schwer ist, weil der Partner zur Sorte der inaktiven und/oder stillen Menschen gehört oder seine Vorstellung von Lebensglück von der Ihren abweicht: Gehen Sie immer in Kommunikation und berücksichtigen Sie, dass nur jeder für sich selbst das eigene Lebensglück finden kann und dass Beziehungsglück nur gemeinsam ergründet und geformt werden kann. Andernfalls werden Sie – ähnlich wie ich – sehr wahrscheinlich irgendwann erfahren müssen, dass Sie beide verloren haben: Ihr Partner, weil er sein Leben nicht nach seinen Vorstellungen leben konnte, womit niemand ein Leben lang wirklich zufrieden sein kann, und Sie selbst, weil sie viel Zeit und Energie in ein Scheinleben investiert haben.

Leben Sie, wenn möglich, lieber ein Leben, das Ihnen beiden zusagt und das sie beide glücklich macht. Lassen Sie Ihren Partner sein, wie und wer er sein will, und gestehen Sie selbst sich das ebenfalls zu. Nur dann kann jeder von Ihnen glücklich sein – und somit auch Ihre Partnerschaft. Wenn es Sie selbst nachhaltig unglücklich macht, dass Ihr Partner ist, wie er ist, dann überlegen Sie sich, ob eine Trennung nicht sinnvoller ist.

ZUSAMMENFASSUNG:

- Glück lässt sich nicht von außen (Konsum, Partner) herstellen – es kommt nur aus uns selbst heraus. Was einen Menschen glücklich macht, ist höchst individuell.
- So wie wir als Mensch uns im Laufe unseres Lebens verändern, verändert sich auch das, was uns glücklich macht.
- Eine Partnerschaft, in der beide glücklich sein können, ist kein Zufall oder irgendwie von selbst entstanden – sie ist das Ergebnis bewusster gemeinsamer Arbeit.
- Finden Sie verbindende Lösungen, statt schale Kompromisse einzugehen.
- »Zwingen« Sie Ihren Partner nicht zum Glück, finden Sie stattdessen gemeinsam Ihr Beziehungsglück.

HILFREICHES:

Träumen Sie regelmäßig gemeinsam, spinnen Sie Ideen für die Zukunft, verreisen Sie gedanklich zusammen, finden Sie gemeinsame Ziele und stellen Sie sich häufig die Frage: Was brauchen wir als Paar jetzt, um übereinstimmend einen Moment des Glücks erleben zu können. Machen Sie sich die Mühe, in Kontakt zu bleiben, und interessieren Sie sich ernsthaft für die Welt Ihres Partners.

12. SEX

»Das schönste Geschenk, das man einem anderen Menschen machen kann, ist aufrichtige Zuwendung.«

Aus Arabien

Sir Frank Short, 1891

KEIN SEX MEHR, NA UND?

Ich möchte Sie ermutigen, sich in Sachen Sex das arabische Sprichwort zu Herzen zu nehmen. Es ist eine bekannte Tatsache, dass der Sex in den meisten langjährigen Beziehungen nach einer Weile nicht mehr so selbstverständlich »funktioniert« wie anfangs.

Das muss nicht mal schlecht sein. Vielleicht möchten beide gar nicht so viel Intimität und sind zufrieden damit, wie es ist. Sex ist nicht alles in einer Beziehung. Es gibt auch glückliche Beziehungen ohne oder mit sehr wenig körperlichem Kontakt. Wenn das bei Ihnen *für beide* Seiten stimmig ist, dann gibt es auch keinen drängenden Grund, daran etwas zu ändern.

Liebe hat vielfältige Ausdrucksmöglichkeiten, und manchmal gehört die körperliche Ebene nicht (mehr) dazu. Aber meist ist es so, dass zumindest ein, wenn nicht beide Partner sich eigentlich ein aktiveres Sexleben wünscht. Leben Sie in einer Monogamie – wie die überwiegende Mehrheit der Menschen in Deutschland – dann kommt es zunächst auch nicht in Frage, die Bedürfniserfüllung auf Personen außerhalb der Partnerschaft zu verlagern. Schauen wir uns zunächst einmal diesen Fall an.

SEX IN DER MONOGAMIE

Bereits nach drei bis vier Beziehungsjahren tritt eine »sexuelle Gewöhnung« ein, denn die körpereigene »Glücks-

droge« Dopamin wird dann nur noch spärlich ausge-
schüttet. Man kennt sich einfach zu gut, was zur Folge hat,
dass man sich nicht mehr so leicht überraschen kann. Bei
einem neuen Sexpartner hingegen strömt das Dopamin
wieder großzügig durch unser System, was dazu führt,
dass wir den »Rausch der Sinne« aufs Neue verspüren.

Beruhigend an diesem Wissen finde ich, dass es folglich
kein schlechtes Zeichen für die Beziehung sein muss,
wenn der Sex nicht mehr so häufig und/oder aufregend ist
wie zu Beginn. Positiv ist weiterhin zu erwähnen, dass wir
uns aufgrund der Sicherheit, die wir in langjährigen Beziehungen verspüren, auch nicht mehr ständig durch Sex der
Zuneigung unseres Partners rückversichern müssen.

So weit die Vorteile der Situation. Was aber tun, wenn man
gerne wieder mehr Sex und Erotik in sein (Beziehungs-)
Leben bringen möchte? Sie werden es vermutlich schon
erraten haben: Tauschen Sie sich mit Ihrem Partner zuerst
einmal über die eigenen Wünsche und Bedürfnisse aus.
Wie eigentlich fast immer ist auch hier eine gelungene
Kommunikation der Ausgangspunkt für eine Lösung.

Wenn beide Partner mehr wollen, ist die Situation ja gar
nicht so schlecht. Gehen Sie also ins Gespräch und reden
Sie offen, ehrlich und ohne Zurückhaltung über Ihre Wünsche und Bedürfnisse. Kommt dann ein Zeitpunkt, an dem
Sie als Paar (ganz sicher) ungestört und entspannt intim
werden können, dann erforschen Sie einander zunächst
ganz langsam und achtsam.

Wichtig ist, dass Sie beide gerade keinen Stress haben und auch positiv aufeinander eingestellt sind. Vielleicht nach einem schönen Abendessen in einem guten Restaurant. Lassen Sie sich nicht dazu verleiten, Sex nach »Schema F« zu haben. Sie müssen gar nicht zwingend gleich den Geschlechtsakt an sich vollziehen. Gehen Sie vielmehr spielerisch und neugierig auf Ihren Partner ein.

Nehmen Sie sich nicht zu viel auf einmal vor, spüren Sie beide hin, was die Berührungen jeweils bei Ihnen auslösen, ob diese angenehm oder unangenehm sind und was sie in Ihnen hervorrufen.

Testen Sie Dinge aus, die Sie bisher noch nicht ausprobiert haben, und achten Sie auf die Körpersprache Ihres Gegenübers. Fragen Sie vor allem nach, ob ihm/ihr die Berührung so gefällt oder ob Sie es anders machen sollen. Lassen Sie sich auch von Ihrem Partner zeigen, wie er sich selbst berührt oder welche Berührung er jetzt gerne hätte. Trauen Sie sich, Ihrem Partner Ihre geheimen Wünsche in Sachen Erotik und Sex ohne Tabus zu offenbaren, und bitten Sie ihn, dieses oder jenes auszuprobieren.

Dafür ist es häufig im Vorfeld nötig, dass Sie zunächst einmal in sich selbst hineinlauschen und herausfinden, was Ihnen gefällt oder was Sie gerne einmal versuchen möchten.

Machen Sie keinen Wettbewerb daraus und bauen Sie keinen Erwartungsdruck auf. Es geht nicht darum, zu einem Ziel zu gelangen. Sollten Sie während des intimen

Austauschs mit Ihrem Partner starke Scham, Angst oder andere negative Gefühle verspüren, dann holen Sie sich Hilfe in Form einer Sexualtherapie. Sie und Ihr Partner können nur davon profitieren.

Unser Problem in langjährigen Beziehungen ist, dass wir häufig sehr zielstrebig vorgehen und davon ausgehen, dass wir genau wissen, was dem anderen gefällt. Das stimmt aber in den wenigsten Fällen. Wir nehmen uns häufig schlicht nicht die Zeit und Aufmerksamkeit, deren es bedarf, wenn wir in intimen Kontakt mit unserem Partner gehen.

Haben Sie lieber weniger Sex und dafür guten statt häufiger schlechten. Sehen Sie Sex nicht von der egoistischen Seite (was bekomme ich), sondern *schenken* Sie Ihrem Partner Zeit und Aufmerksamkeit, ohne eine Gegenerwartung daran zu knüpfen. Geben Sie, statt zu nehmen. Sie werden sehen, dass Sie dann ganz von selbst etwas zurückerhalten.

Vielleicht denken Sie jetzt, dass sich das alles recht langweilig anhört und Sie es lieber etwas härter mögen? Darauf müssen Sie nicht verzichten. Nehmen Sie sich die Zeit, genau hinzuschauen und hinzuspüren, was dem Partner in Sachen Sex *wirklich* gefällt. Genau dazu möchte ich Sie ermutigen, und wenn Sie länger nicht intim waren oder die Intimitäten mit Ihrem Partner nur noch mechanisch verlaufen, dann gehen Sie es beim Wiederentdecken Ihrer gemeinsamen Erotik langsam an. Im weiteren Verlauf kann sie sich dann auf ganz individuelle Weise neu entfalten, und Sie können auch wildere Dinge ausprobieren. Viele eigene Wünsche werden aus Angst oder Scham gar nicht erst ausgesprochen. Die Selbstzensur beginnt häufig sehr früh im Kopf. Trauen Sie sich, denn es gibt keinen Grund, es nicht zu tun!

Sie haben die Chance, Ihr Intimleben auf eine andere Ebene zu heben: eine reifere als die zu Beginn. Der Sex der ersten Jahre ist gewissermaßen »in der Pubertät«: Er ist heißblütig und ungezügelt, dient viel der Selbstbestätigung und Selbstversicherung und findet in der Regel wie selbstverständlich statt. Nach einiger Zeit benötigt Intimität zwar mehr Einsatz von beiden Seiten, kann dafür aber zu ungeahnter Tiefe gelangen, die nur Partner erleben können, die sich selbst und einander gut erforscht haben.

Und weil man es doch immer mal wieder zum Thema liest: Neues Sexspielzeug alleine wird Ihr Intimleben nicht beleben, wesentlich ist vor allem die Zeit und Aufmerksamkeit, die Sie sich gegenseitig schenken. Das Spielzeug kann vielleicht eine Brücke dorthin sein, aber Ihnen nicht die »Arbeit« abnehmen.

Wenn nur einer mehr will und der andere nicht, ist es schon etwas schwieriger, in einer Monogamie einen gemeinsamen Weg zu finden. Finden Sie heraus, *warum* Ihr Partner keinen Sex will und ob er nur mit Ihnen oder generell keinen Sex wünscht. Es mag Sie verletzen, wenn sich herausstellt, dass Ihr Partner gerne noch Sex möchte, aber nicht mehr mit Ihnen. Oder nicht mehr nur mit Ihnen. Oder dass er gar kein Interesse an Intimitäten mit irgendwem hat (auch hier lohnt es sich, die Gründe genauer anzusehen). Es wird auch sehr reflektierten Menschen schwerfallen, darin erst einmal keine persönliche Kränkung zu sehen. Machen Sie sich bewusst, wie herausfordernd es auch für Ihren Partner ist, dies auszusprechen, und wie viel Vertrauen notwendig ist, um es tun zu können. Eine solch schwierige Wahrheit auszusprechen macht sehr verletzlich und angreifbar. Es ist also auch ein Liebes- und Vertrauensbeweis Ihres Partners.

Sie tun als Empfänger der Botschaft gut daran, zunächst in Ruhe über das Gehörte nachzudenken. Wenn Sie dann sicher sind, eine gute innere Position für sich gefunden zu haben, suchen Sie wieder das Gespräch. Ein Weg könnte sein, dass Sie darüber nachdenken, die klassische geschlossene Monogamie in eine offene Monogamie zu überführen. So könnten beide Partner (oder einer der beiden, falls einer gar keinen Sex mehr möchte) das Bedürfnis nach mehr Sex befriedigen.

Unter welchen Voraussetzungen und nach welchen Regeln dies dann abläuft, wird jedes Paar für sich klären müssen, und natürlich sollten beide mit dem gewählten Weg auch konform gehen. Beachten Sie bitte, dass in diesem Fall vor einer Öffnung der Beziehung unbedingt ganz genau geklärt sein sollte, wo die Gründe dafür liegen, dass einer von beiden keinen Sex mehr möchte, und dass beide Partner zu 100 % darin übereinstimmen, dass die Öffnung erfolgen soll.

Je nachdem, was der Grund ist, warum Ihr Partner nicht mehr so häufig oder gar keinen Sex mehr möchte, haben Sie aber natürlich noch etliche andere Optionen. Sie können gemeinsam eine Sexualtherapie machen, oder Sie einigen sich darauf, es noch einmal wie oben beschrieben mit viel Achtsamkeit zu versuchen. Vielleicht erwacht das Interesse ja doch wieder. Wichtig ist, dass Sie *gemeinsam* einen Weg finden, den Sie beide gehen können, und dabei in ehrlicher und wertschätzender Kommunikation bleiben.

Erwarten Sie keine Wunder in kurzer Zeit. Solche Prozesse benötigen erfahrungsgemäß viel Geduld und Ausdauer. Sie haben ja auch viel zu tun: Ihre eigenen Bedürfnisse herausfinden und richtig kommunizieren, einen gemeinsamen Weg finden, sich in kleinen, achtsamen Schritten Ihrem persönlichen partnerschaftlichen Optimum annähern. Das kann von einem oder beiden auch viel Verzicht abverlangen. Aber Liebe versetzt ja bekanntlich Berge.

SEX IN NICHT-MONOGAMEN BEZIEHUNGEN

Wenn Sie eine offene Monogamie, Polyamorie oder Beziehungsanarchie leben, dann wissen Sie sicherlich schon viel über Achtsamkeit, Kommunikation und Wertschätzung. Falls nicht, werden Sie es schnell lernen müssen, wollen Sie keinen emotionalen Scherbenhaufen bei sich und allen Beteiligten riskieren.

Meinen großen Respekt haben alle, die in einem Polynetzwerk mit mehr als vier Beteiligten längere Zeit erfolgreich leben. Dies ist eine große kommunikative, organisatorische und menschliche Leistung! Mir persönlich wäre es definitiv zu aufwendig – emotional, zeitlich und körperlich.

Aber zurück zum Sex: Im Grunde gilt hier dasselbe wie in monogamen Beziehungen, außer dass Sie natürlich die Verletzlichkeit und die Grenzen mehrerer Personen zu berücksichtigen haben. Finden Sie gemeinsam Wege, wie es wirklich *jedem* im Netzwerk gut geht.

Ehrlichkeit und Verlässlichkeit ist für das Vertrauen und Wohlsein aller unabdingbar. Halten Sie sich an Vereinbarungen, auch wenn es Sie manchmal »in den Fingern juckt«. Wenn alle spüren, dass es nichts zu befürchten gibt, kann sich jeder entspannt zurücklehnen. Besprechen Sie auch mit jedem/jeder genau, was er von Ihnen erwarten kann und was nicht. Lassen Sie zum Beispiel niemanden in dem Glauben, Sie wären für eine Lebenspartnerschaft zu haben, wenn Sie in Wahrheit in einer offenen monogamen Beziehung leben und es für Sie gar nicht infrage kommt, dass mehr als »schöne gemeinsame Stunden in Verbundenheit« stattfinden.

Stellen Sie auch sicher, dass alle Beteiligten – und dazu gehören auch eventuelle Ehemänner/-frauen der/des auserwählten Dritten – informiert sind und konform gehen! (Sofern diese in ihrer Beziehung nicht eine Vereinbarung haben, die das Gewünschte erlaubt, wobei darüber jedoch nicht kommuniziert werden soll. Dies halte

ich langfristig allerdings nicht für eine partnerschaftsför-
dernde Regelung.) Bleiben Sie »ethisch sauber«. Im Idealfall haben Sie und Ihre (Intim)partner alle den gleichen
oder zumindest einen sehr ähnlichen ethischen Kodex, an
den sich alle halten.

In sämtlichen Beziehungsformen, die von der klassischen
Monogamie abweichen, gilt es also vor allen Dingen noch
mehr zu kommunizieren, noch mehr zu reflektieren – und
Sie haben noch weniger Zeit für sich alleine. Dass Sie insbesondere bei Mehrfachintimkontakten auch eine große
Verantwortung in Sachen Gesundheit und Verhütung
haben, muss ich sicher nicht erwähnen, möchte es aber
dennoch tun.

SEX UND DIE LIEBE

Zum Schluss des Kapitels »Sex« möchte ich meinen ganz
persönlichen Blick auf den Zusammenhang von Sex und
Liebe darlegen. Früher setzte ich Liebe und Sex gleich. Ich
ging für mich persönlich davon aus, dass ich Sex nur mit
einem Menschen erleben möchte, den ich (im romantischen Sinne) auch liebe. Heute sehe ich das differenzierter.

Ich trenne den Sex von der Liebe, da sich mein Bild von
der Liebe verändert hat. Es muss nicht immer »das ganz
große Gefühl der Liebe« dabei sein. Natürlich möchte ich
Sympathie verspüren und meinen Sexpartner auch körperlich anziehend finden und Spaß dabei haben. Aber
Liebe ist nicht zwingend notwendig.

Stopp – hier muss ich nun doch noch einmal ausholen: Genau genommen ist romantische Liebe nicht notwendig. Wir verwenden das Wort »Liebe« aus meiner Sicht zu einseitig. Wir beziehen es auf unsere Partner und auf unsere Kinder, aber dann endet es auch schon mit der Liebe. Mit etwas Glück liebt man noch seine Eltern.

Aber Liebe lässt sich darauf nicht beschränken. Wir können spezielle Formen der Liebe auch für andere Menschen empfinden – für Freunde und Bekannte etwa. Oder wir spüren Liebe in bestimmten Situationen, fühlen sie durch die Natur wirken. Die Liebe durchzieht unser Sein, und wir können sie überall entdecken – in den verschiedensten Formen und Ausprägungen. Sie kann sich mit und ohne Sex zeigen, Sex kann eine Ausdrucksform der Liebe darstellen, aber er ist nicht untrennbar mit ihr verknüpft (sonst könnten Prostituierte ihrem Gewerbe auch kaum nachgehen). Auch eine Bewertung wie »ich liebe dich mehr oder weniger als x« ist fehl am Platz. Es gibt kein besser oder schlechter in der Liebe. Es gibt nur ein »anders«, und genau diese Vielfalt der Liebe möchte ich spüren. Denn es ist schön und bereichernd, sich damit zu umgeben.

Ich plädiere also dafür, den Begriff »Liebe« nicht so eindimensional und einschränkend zu verwenden. An dem Menschen, mit dem ich eine genussvolle Zeit verbringe, liebe ich in diesem Moment etwas, denn er lässt mich *meine* Liebe spüren. Er bringt mich mit einem Teil seines Seins in das Gefühl der Liebe. Es können also auch einzelne Aspekte des Gegenübers sein, die ich im gegewärtigen Augenblick liebe. Nicht jede Liebe muss sich auf der körperlichen Ebene entfalten, man kann sie auch auf anderen Ebenen auskosten, und nicht jede Liebe muss als Liebesbeziehung gelebt werden.

Sex wird in unserer Gesellschaft häufig überbewertet, weil wir ihn so untrennbar mit der romantischen Liebe verbunden haben. Wird uns bewusst, dass dies nicht notwendigerweise zusammenhängt, können wir viel freier mit Sex – und damit mit unserer Lust – umgehen.

ZUSAMMENFASSUNG:

- Es muss nicht zwingend schlecht sein, wenn es in einer Beziehung keinen Sex mehr gibt – vorausgesetzt, beide sind damit zufrieden.
- Finden Sie heraus, was Sie selbst eigentlich schön finden und wollen.
- Reden Sie offen über Ihre Wünsche in Sachen Sex. Ohne Tabus.
- Nehmen Sie sich Zeit, erkunden Sie Ihren Partner achtsam und liebevoll neu und seien Sie kreativ.
- Gönnen Sie sich eine Sexualtherapie, wenn Sie starke Angst oder unüberwindbare Scham im Zusammenhang mit Sex verspüren.
- Denken Sie über eine Öffnung Ihrer Beziehung nach, wenn nur noch einer Sex möchte. Zuerst ist es allerdings unabdingbar, dass Sie sich gemeinsam die Gründe genau ansehen, warum einer von beiden keinen Sex mehr möchte. Mit der Öffnung müssen beide Partner einverstanden sein, und sie sollte auf achtsame Weise erfolgen.
- Polyamorien erfordern ein hohes Maß an menschlicher Reife bei allen Beteiligten und ein ausgeprägtes Organisationstalent.
- Alle Beteiligten – auch deren (Ehe-)Partner als indirekt Beteiligte – sollten mit den Vorgängen d'accord gehen. (Ethisch sauber bleiben.)

HILFREICHES:

Die Regel »mach alles, was du willst, aber erzähle mir nichts« ist aus meiner Sicht nur eine Notlösung. Schauen Sie genau hin, warum der Partner lieber so tun will, als wäre er noch in einer Monogamie. Verzichten Sie lieber auf eine Öffnung der Beziehung, bis Ihr Partner diesen Schritt mitgehen kann, oder finden Sie eine andere Lösung.

13. SCHLUSSWORT

»Das Entscheidende am Wissen ist, dass man es beherzigt und anwendet.«

Konfuzius

Edvard Munc, 1902

GEHEN SIE DAS RISIKO EIN

Zum Abschluss ist es mir ein Anliegen zu betonen, dass Partnerschaft und Liebe etwas Wundervolles sind.

Ich gebe zu, es gehört ein wenig Glück dazu, einen Menschen (oder mehrere) zu finden, mit dem (oder denen) man Beziehung(en) wie hier beschrieben leben kann oder sich zumindest gemeinsam auf den Weg dorthin begeben kann. Denken Sie immer daran, dass der Weg das Ziel ist!

Wir müssen nicht allein durchs Leben gehen, wenn wir bereit sind, andere Menschen an uns heranzulassen. Für eine Beziehung ist Vertrauen notwendig, und es beherbergt immer ein gewisses Risiko, sich auf einen anderen einzulassen. Natürlich kann und vermutlich wird ein jeder von uns dabei nicht nur einmal scheitern. Und jedes Mal haben wir die Chance, etwas mitzunehmen – zu lernen, um zu wachsen.

Gehen Sie dieses Risiko mit ganzem Herzen ein, alles andere führt nicht zu einer Beziehung, sondern im besten Fall zu »miteinander auskommen«. Ich wünsche Ihnen mit Ihrem/n Partner(n) viele schöne gemeinsame Stunden in Liebe.

LITERATURHINWEISE

Neben vielen weiteren Büchern, Artikeln und Beiträgen in Foren haben vor allem folgende Titel zu meinen Erkenntnissen beigetragen:

Vivian Dittmar: **beziehungsweise.** Beziehung kann man lernen, Verlag V. C. S. Dittmar, edition est, München 2015.
ISBN-10: 3940773778

Robert Heeß: **Ich liebe dich gerade.** Erwachsen werden in Liebesdingen, tao.de, Bielefeld 2013.
ISBN-10: 3955292363

Holger Lendt und Lisa Fischbach: **Treue ist auch keine Lösung.** Ein Plädoyer für mehr Freiheit in der Liebe, Piper Taschenbuch, München/Berlin, 3. Auflage 2015.
ISBN-10: 3492305407

Oliver Schott: **Lob der offenen Beziehung.** Über Liebe, Sex, Vernunft und Glück, Bertz + Fischer (Sexual Politics), Berlin 2015.
ISBN-10: 3865057365

Franklin Veaux und Eve Rickert: **More Than Two.** A practical guide to ethical polyamory, Thorntree Press, Portland 2014.
ISBN-10: 0991399706